六觀樓讀本杜詩鈔點校

（清）許鴻磐 批點
陳 寧 點校

巴蜀書社

此點校本受成都杜甫草堂博物館的資金支持，爲成都杜甫草堂博物館二〇一七年館級科研項目『許鴻磐《杜詩鈔》點校本』（二〇一七DFCT—ZHDIANO3）的項目成果；亦爲四川省社會科學重點研究基地『杜甫研究中心』二〇一八年度項目『《六觀樓讀本杜詩鈔》點校』（DFY201828）的項目成果。

杜詩鈔小序

夫詩何為而作乎○其義起於君臣、父子、夫婦、昆弟、朋友之間○而其情發乎離合忻戚之際○處其常者○則多忻愉之詞○罹其變者○則多窮愁之語○然忻愉者難、工○而窮愁者易好也○少陵之詩○根乎愷惻篤摯之至性○更觸發於顛沛流離飢寒戎馬之境○故其詣獨絕○余弱冠即喜讀杜詩○向曾倩善書者鈔於都門○計詩五百首○南北奔馳○未嘗去諸手者且四十年○今老矣○而遇益蹇○甲申春○自中州歸○漫遊江左無所合○秋杪旋里門○謝絕俗客○托影於新僦草廬中○惟日

《六觀樓讀本杜詩鈔》書影

《六觀樓讀本杜詩鈔》書影

按進三大禮賦在天寶十載公年四十。

新唐書本傳 在文藝傳

杜甫。字子美。睿宗先天元年歲次癸丑。公生。少貧。不能自振。客吳越齊趙間。按年譜。元宗開元十九年。公年二十。出遊吳越間。李邕奇其才。先往見之。舉進士不第。二十二年。公自吳越歸。京兆貢舉不第。困長安。按譜。二十五年。游齊趙。二十九年。公年三十。至天寶三載。恒在東都。四載。在齊州。五載。歸長安。六載。應詔退下。留長安。傳特約言之。故未詳耳。天寶十三載。元宗朝獻太清宮。老子廟也。饗廟。及郊。甫奏賦三篇。帝奇之。使待制集賢院。命宰相試文章。擢河西尉。不拜。改右衛率府冑曹參軍。按唐六典。太子左右衛率府兵曹參軍事一人。冑曹參軍事一人。公官定後戲贈詩自注曰。率府兵曹。非冑曹也。數上賦頌。因高自稱道。且言先臣恕預以

子美先生墓係銘 元稹撰

敘曰余讀詩至杜子美而知古人之才有所總萃焉始堯舜之君臣以賡歌相和是後詩人繼作歷夏殷周千餘年仲尼緝拾選練取其干預教化之尤者三百篇其餘無聞焉騷人作而怨憤之態繁然猶去風雅日近尚相比擬秦漢以還採詩之官既廢天下俗謡民謳歌頌風賦曲度嬉戲之詞亦隨時間作至漢武賦柏梁詩而七言之體興蘇子卿李少卿之徒尤工爲五言雖句讀文律各異雅鄭之音亦雜而詞意閑遠指事言情自非有爲而爲則文不妥

六觀

《六觀樓讀本杜詩鈔》書影

招提。梵言拓鬥提奢。唐言四方。

杜詩鈔卷上

六觀樓讀本

五古

望嶽

岱宗夫如何。齊魯青未了。造化鍾神秀。陰陽割昏曉。盪胸生層雲。決眦入歸鳥。會當凌絕頂。一覽衆山小。

劉須溪云。即齊魯青未了五字。雄蓋一世。詩僅八十字耳。而氣象萬千。足爲全詩之弁。趙次公注。陰陽割昏曉。如史記言崑崙日月所相避隱其光明也。割之爲言分也。

遊龍門奉先寺

龍門即伊闕。元和志。伊闕山在伊闕縣北四十五里。按今爲伊陽縣。

已從招提遊。更宿招提境。陰壑生虛籟。月林散清影。天闕僧物也。傳寫訛拓為招。又遺去豆斧字。即今言十方住持是也。又唐會要。官賜額為寺。私造者為招提蘭若。

師氏古曰。唐李邕有才名。後進想慕。求識其面。王翰文士也。杜華嘗與游。華母崔氏曰。吾聞孟母三遷。今欲卜居。使汝與王翰

六觀樓

象緯逼雲臥。衣裳冷。欲覺聞晨鐘。令人發深省。

前首見此老器宇之大。此首見此老胸次之高。二首缺一不可。○東都記。龍門號雙闕。與大內對峙。若天闕焉。

奉贈韋左丞丈二十二韻　韋名濟。唐六典。左右丞掌管轄省事。糾舉憲章。

紈袴不餓死。儒冠多誤身。丈人試靜聽。賤子請具陳。甫昔少年日。早充觀國賓。讀書破萬卷。下筆如有神。賦料揚雄敵。詩看子建親。李邕求識面。王翰願卜鄰。自謂頗挺出。立登要路津。致君堯舜上。再使風俗淳。此意竟蕭條。行歌非隱淪。騎驢三十載。旅食京華春。朝叩富兒門。暮隨肥馬塵。殘杯與冷炙。到處潛悲辛。主上頃見徵。欻然欲求伸。青冥

《六觀樓讀本杜詩鈔》書影

為鄰

却垂翅蹭蹬無縱鱗甚愧丈人厚甚知丈人真每於百寮上猥誦佳句新竊效貢公喜難甘原憲貧焉能心怏怏祇是走踆踆今欲東入海即將西去秦尚憐終南山回首清渭濱常擬報一飯況懷辭大臣白鷗没浩蕩萬里誰能馴

黄鶴曰此詩前後乃陳情也公以開元二十四年應京兆貢舉不第遂困長安故云早充觀國賓旅食京華春至天寶六載詔天下有一藝者赴轂下公自東都歸應詔而李林甫忌人斥己建言乞先下尚書省試遂無一中者公由是退下故云主上頃見徵青冥却垂翅末云況懷辭大臣公明年果又有東都之遊也一起悲慨一結豪壯身世興性情俱見中後頓挫抑揚減盡轉折之跡詩中三十載按年譜當作十三載白鷗没浩蕩宋敏求以鷗不能没改作波字其同時王洙已譏之矣

弁言

祁和暉

先致賀辭：祝賀成稿於一百九十五年前的一件家族詩教讀本有了經點校的具有現代水準的杜詩選本公開出版面世。此件杜詩選本的出版面世，至少標誌着成都人在杜詩研學上三點新收穫。一、搶救了一件一百九十五年前江南地區可能爲家族詩教的杜詩選本。距今將近兩百年的一種家族詩教稿本，發行面有限，收藏條件有限，極易湮佚在公開印行的出版物海洋中。《六觀樓讀本杜詩鈔》有幸被成都杜甫草堂博物館收藏，於今得到點校，以現代技術公開出版發行，可能湮佚的命運得到根本改變。二、此次點校出版之選本，雖不屬名家名本，但却是一户江南書香清寒之家，作家族詩教的教材。此本的存在是杜詩進入家族子弟日常詩教的實證。三、此本顯示成都杜甫草堂博物館在收藏杜詩各種版本上努力的成果，更顯示其功不僅僅止於收藏，而是同時培養研讀其本的人才。條件成熟之時，便會將新版本與人才同時推出，讓人欣喜。祝賀此次鈔本的點校者青年學者陳寧！

《六觀樓讀本杜詩鈔》的選編者爲山東濟寧任城人許鴻磐（一七五七—一八三七）。許氏進士出身，畢生酷好杜詩，在其宦海生涯中，隨身攜帶杜詩。他把杜甫當作他生命中的導師和知音。他認爲杜詩『關乎倫紀風教之大』，而其寫君臣、父子、夫婦、昆弟、朋友五倫之情義，『其情發乎離合忻戚之際』，『根乎愷惻篤摯之至性，更觸發於顛沛流離、飢寒戎馬之境，故其詣獨絶』。許氏在《杜詩鈔小序》中自言，他曾於二十歲『弱冠』之時，在『都門』『倩善書者』鈔杜詩五百首隨身攜帶，『南北賓士，未嘗去諸手者且四十年』。顯然，杜詩全集刻印綫裝分卷分册本，卷册太大，攜帶不便，才請書手按許氏要求鈔録一個五百首杜詩的『寫本』，隨身攜帶，時刻吟誦。

許氏晚年宦海倦游，還鄉結廬，每日唯與杜甫『晤對』。此時，他有一種類似北宋王安石在『新法』挫折失敗後讀杜詩的感覺。王荆公説：杜甫提前三百年吟嘆了讀書人爲拯救家國命運想有作爲而無果，嘆息悲憤。王荆公説杜甫是他的前代知音。許鴻磐没有王安石的宏大志嚮和格局，但在鴉片戰争前夕，中國迅速衰敗，積貧積弱勢態已成的情況下，一位進士出身的、有良知的讀書人如許鴻磐者，宦海浮沉，倦鳥歸林。此時，細讀杜甫《全集》，方知其弱冠請人鈔寫的五百首杜詩寫本，不能盡吐許氏懷抱——『猶嫌曩鈔之未慊於懷也』。於是，老翁許鴻磐，『更檢《全集》，約取而手録之，得詩三百一十八首』，即許氏老翁從杜詩全集中重新選録了一個三百一十八首詩的手録本。許氏親録選的鈔本杜詩選，顯然不衹是供他本人賞讀，我個人推測還可能是考慮教誨家族子弟誦讀。

點校者陳寧，雖是年輕人，初次試手，却也有三項成績可以圈點。一、陳寧對許鴻磐生平及其杜詩鈔本做了必要的研究及簡介，這有助於讀者通過許氏其人眼光來把捉《六觀樓讀本杜詩鈔》的選詩宗旨。二、本點校本在『點』上因歷代杜集刻本、鉛本甚多，將古體詩、律詩加上現代『標點』，這並無難點，但在『校勘』上，對家族寫本作校正却暗藏挑戰。陳寧利用草堂博物館萬卷樓中杜集藏書優勢，用南宋《草堂先生杜工部集》刻本之再造本、清道光間善本涿州盧氏芸葉盦五色套印本《杜工部集》再造本、中華書局本《杜詩詳注》及中華書局一九五七年版《新唐書》、明刻本《元氏長慶集》等校勘《六觀樓讀本杜詩鈔》，頗得古今善本之原，而使《六觀樓讀本杜詩鈔》獲得了一次全面『體析』，其中《六觀樓讀本杜詩鈔》中九十六首詩得到宋本校勘。這種校勘保證了本點校本的品質。三、陳寧用了兩年時間，静下心來，對比校勘，這種慢功就一位青年學者的成長而言是難得的歷練。經此歷練而得到的收穫也是不俗的。比如在校勘『六觀樓讀本杜詩鈔』附録的元稹所寫《子美先生墓係銘》篇中，從篇題到内容，對這篇著名的研杜文獻，用各本校對，文字相異竟達六十處之多，出人意料！《六觀樓讀本杜詩鈔》之目録與内容有倒錯，校者也予以了糾正。

當然，本點校本也免不了『成長中的缺點』。比如，許氏鈔本附録文獻何以有六十處異文？若是老一輩宿儒必定會追索求解，本點校本則僅止於一般性『校記』。如此這般『成長中的煩惱』，亦從側面證實此點校本確爲陳寧君心血之著，而無須在網上『查重』來證實其勞動屬實。

衷心祝賀陳寧在杜學學苑中辛勤耕耘獻出的成果！

二〇一九年春夏

前言

許鴻磐（一七五七—一八三七），字漸逵，號雲嶠，又號六觀樓主人，山東濟寧任城人，乾隆四十六年（一七八一）進士。歷任江蘇安東縣知縣，擢西城兵馬司正指揮，安徽潁州府同知、泗州直隸州知州、河南禹州知州。許鴻磐少負俊才，博涉群書，尤精史學，一生著述很多。其《方輿考證》爲清代著名的歷史地理學鴻篇巨著，影響較大。除此之外，他還喜好駢體文，文學韓昌黎，研習詩詞調曲，著有《六觀樓詩文集》《六觀樓文集拾遺一册》等，編纂詩詞文集《六觀樓古文選前集、後集、外集》《唐宋八大家文選》《五代兩宋文鈔》《詞曲七種》等。時人非常推崇其書。許鴻磐喜好杜詩，有手鈔批點本《六觀樓讀本杜詩鈔》。

《六觀樓讀本杜詩鈔》成書於清道光五年（一八二五），四册，綫裝，半框13.2釐米×17.5釐米，半葉九行，行二十二字，小字雙行，四周雙邊，無魚尾，每頁版心下有『六觀樓』三字。全書朱墨圈點，楷書鈔録，字體精工。前有《杜詩鈔小序》《新唐書・杜甫傳》，另有元稹《唐故工部員外郎杜君墓係銘並序》，此本題作《子美先生墓係銘》，後有跋語。分上下卷，目録分别置於各卷前。目録與每卷卷首下方有『六觀樓讀本』

字様，爲了區分於衆多名爲《杜詩鈔》的鈔本，特稱此本爲《六觀樓讀本杜詩鈔》。據許鴻磐序、跋介紹，此本共選詩三百一十八首，其中五律一百零七首，頁眉處《秋野》其一歸入正文，實爲一百零八首；七律五十四首，實爲五十一首，《咏懷古跡》原五首鈔其二、其五，目録中雖作説明，似乎是此處計錯。故鈔詩總數應爲三百一十六首。此鈔本分體編排，上卷五古、七古，下卷五律、七律、五排、五絶、七絶。書中鈐有『六觀樓』『鴻磐』『雲嶠』等印數枚。題下、頁眉有注，尾批有引用他説及自評賞析。

許氏自序詳細記叙了其輯鈔杜詩的緣由，大致有三：一是認爲詩歌『悦愉者難工，而窮愁者易好』，杜甫的詩歌是發乎性情，又於顛沛流離、飢寒戎馬之境寫就，其造詣獨絶；二是認爲『少陵詩關乎倫紀風教之大』，乃詩之正聲；三是認爲其與少陵同病相憐，南北賓士，老遇益蹇，故嗜篤杜詩更甚，從全集裏約取三百餘首，手録成集，以此排遣鬱愁。所以許鴻磐在檢選杜詩鈔録的時候大都以『關乎倫紀風教』爲標準，又與杜甫有『同病相憐』之感，抒發自哀自傷的詩作爲主。

卷後跋語介紹了其引用注評由來：『余宦游三十餘年，甲申自中州歸，檢舊存書，十亡六七。所存杜集，止劉須溪《千家注》、仇滄柱《詳注》、浦二田《心解》，余同年楊倫《鏡銓》而已。故鈔中注及評語，多采自四種，間有補注及臆測者亦附見於編。』並闡釋了其采録四家評語及自評的原則『屏去武斷穿鑿之見，潛吟密咏，惟求義之所安而止』。許氏除引用前注之外，還利用自身豐厚的史地學識釋名疏證、駁謬辨僞，尾批多有逐章釋義及論説己見之言，不盲從前人，確爲用心之作，故研究價值較高。

許鴻磐《杜詩鈔》現爲成都杜甫草堂博物館所藏，世所難見；又因其特有的評注杜詩價值，固不揣淺陋，費兩年之功將許氏鈔本點校出來，以期促進杜學研究，佳惠學林。整理點校原則是盡量保存原書風貌，但爲了閲讀方便，此書將眉批置於詩歌文本之後，並在詩歌相應位置標注序號，尾批置於眉批之後。爲了減少序號，以句爲單位標注眉批注釋。另對尾批所作的眉批注釋挪到相應位置後的括號内，並標示『許注』或『許按』。小字雙行的題下注、夾注改爲小字單行。因鈔本裝訂有誤，導致倒乙三處，點校本已按目録正確順序調整，文中不再注明。校對工作針對詩歌文本有異者，在異文後標注序號，於尾批之後作校記標示校本異文。眉批、尾批有引用他人他書之言不再出校記，有明顯錯誤之處，用『校者按』姑且正之，並括與相應位置後。鈔本中出現的古今字、異體字不再出校記。目録詩題有異者不再出校記，明顯錯誤改之。

針對鈔本所選杜詩，校本有成都杜甫草堂博物館館藏南宋刻本《草堂先生杜工部集》之善本再造本、清道光十四年涿州盧氏芸葉盦五色套印本《杜工部集》之善本再造本、中華書局一九七九年版《杜詩詳注》。《新唐書本傳》校本有中華書局一九七五年版《新唐書》印本。《子美先生墓係銘》校本有成都杜甫草堂博物館館藏明刻本《元氏長慶集》、中華書局一九八二年版《元稹集》印本。南宋刻本《草堂先生杜工部集》雖爲殘本，鑒於其時間較早，且爲他所未見之本，版本價值較高，故用之校核，校詩九十六首。鈔本有破損缺字之處，據清道光十四年五色套印本《杜工部集》補。

此書點校工作的順利進行亦賴於碩士同門師弟、上海大學古典文獻學博士生郭星明的鼎力支持，並協助完成了此書部分點校及核對工作，謹此鳴謝。對四川大學教授、四川省杜甫學會會長張志烈先生爲本書題寫書名，西南民族大學教授、四川省杜甫學會副會長祁和暉先生爲此書作序，表示誠摯的謝意！

目録

杜詩鈔卷上

杜詩鈔卷下

杜詩鈔小序

夫詩何爲而作乎？其義起於君臣、父子、夫婦、昆弟、朋友之間，而其情發乎離合忻戚之際。處其常者，則多悦愉之詞；罹其變者，則多窮愁之語。然悦愉者難工，而窮愁者易好也。少陵之詩，根乎愷惻篤摯之至性，更觸發於顛沛流離、飢寒戎馬之境，故其詣獨絶。余弱冠即喜讀杜詩，嚮曾倩善書者鈔於都門，計詩五百首。南北奔馳，未嘗去諸手者且四十年。今老矣，而遇益蹇。甲申春，自中州歸，漫游江左無所合。秋杪旋里門，謝絶俗客，抱影於新僦草廬中，惟日與少陵相晤對，猶嫌囊鈔之未慊於懷也。更檢全集，約取而手録之，得詩三百一十八首，釐爲上下二卷，以爲破鬱遣愁之借。嗚呼！少陵窮者也，而余之窮尤劇。既愛少陵詩關乎倫紀風教之大，復以同病相憐，故嗜之倍篤。公詩不云乎：『悵望千秋一灑泪』，吾請移弁是鈔。

道光五年歲次乙酉春二月初七日，任城許鴻磐盥手謹識。

《新唐書》本傳

在《文藝傳》。

杜甫，字子美，睿宗先天元年，歲次癸丑，公生[一]。少貧，不能[二]自振，客吴、越、齊、趙間。按《年譜》，玄宗開元十九年，公年二十，出游吴越間。李邕奇其才[三]，先往見之。舉進士不第[四]，二十二年，公自吴越歸，京兆貢舉不第。困長安。按《譜》，二十五年，游齊趙；二十九年，公年三十。至天寶三載，恒在東都，四載，在齊州，五載，歸長安，六載，應詔，退下，留長安。《傳》特約言之，故未詳耳。天寶十三載[一]，元宗[五]朝獻太清宫，老子廟也。饗廟，及郊，甫奏賦三篇。帝奇之，使待制集賢院，命宰相試文章，擢河西尉，不拜，改右衛率府胄曹參軍。按：《唐六典》：太子左右衛率府，兵曹參軍事一人，胄曹參軍事一人。公《官定後戲贈》詩，自注曰：率府兵曹，非胄曹也。數上賦頌，因高自稱道，且言：『先臣恕、預以來，承儒守官十一世，迨審言，公之祖。以文章顯中宗時。臣賴緒業，自七歲屬辭，且四十年，然衣不蓋體，常寄食於人，竊恐轉死溝壑，伏惟天子哀憐之。若令執先臣故事，拔泥塗之久辱，則臣之述作，雖不能[六]鼓吹六經[二]，至於[七]沉鬱頓挫，隨時敏給，揚雄、枚皋可企及也。有臣如此，陛下豈[八]忍弃之？』按：是年冬，公往奉先省家。會禄山亂，天子入蜀，甫避走三川。肅宗立，自鄜州羸服欲奔行在，爲賊所得。時公徙家鄜州。按《年譜》，肅宗至德元載，自奉先往白水，又往鄜州。自鄜州奔行在，陷賊中。至德二載[九]，亡走鳳翔，上謁，拜左拾遺[十]。與房琯爲布衣交，琯時敗陳濤斜，又以客董廷蘭，罷宰相。甫上疏，言：『罪細，不宜免大臣。』帝怒，詔三司雜問。宰相張鎬曰：『甫若抵罪，絶言者[十一]。』乃解[十二]。甫謝，且謝[十三]且稱：『琯，宰相子，少自樹立爲醇儒，有大臣體，時論許琯才堪公輔，陛下果委而相之。觀其深念主憂，義形於色，然性失於簡。酷嗜鼓琴，廷蘭托琯門下，貧疾昏老，依倚爲非，琯愛惜人情，一至玷污。臣嘆其功名未就，志氣挫衄，覬陛下弃細録大，所以冒死稱述，涉近訐激，違忤聖心。陛下赦臣百死，再賜骸骨，天下之幸，非臣獨蒙。』然帝自是不甚省録。時所在寇奪，甫家寓鄜，彌年艱窶，孺弱至餓死，因許甫自往省視。是年冬，帝自鳳翔還京師，公扈從。從還京師，出爲華州司功參軍。問至東都。關輔饑，輒弃官去，客秦州，負薪采橡栗自給。流落劍南，結廬成都西郭。召補京兆公曹[十四]，不至。會嚴武節度劍南東、西川，往依焉。按：乾元二年冬，公入蜀，次年爲上元元年，時高適爲彭州刺史，有酬高常侍詩，公寓於浣花溪寺。上元二年，公年五十矣，居草堂。按：黄鶴注，嚴武初鎮劍南，應在乾元二年，裴冕爲尹之前。然綱目載，乾元元年六月，武以房琯黨貶巴州刺史，武初鎮蜀，自應在公入蜀之後。至召補京兆功曹，《譜》載在廣德元年。嚴武於上年已去蜀入朝矣。《傳》載其事之前後，亦屬不合。武再帥劍南，代宗寶應元年，嚴武去蜀入朝。西川兵馬使徐知道反，公如梓州。廣德元年，往閬州，復回梓。二年，復自梓往閬。嚴武再鎮蜀，公歸草堂。表爲參謀，檢校工部員外郎。武以世舊，待甫甚善，親詣[十五]其家。甫見之，時或[十六]不巾，而性褊躁傲誕。嘗醉登武床，瞪視曰：『嚴挺之乃有此兒！』武亦暴猛，外若不爲忤，中銜之。一日，欲殺甫及梓州刺史章彝，集吏於門。武將出，冠鈎於簾三，左右白其母，奔救得止，獨殺彝。觀公集，公直依武爲命，而武之遇公孔厚矣。武欲殺公之説，出《雲溪友議》，殊不足信。武卒，崔旰等亂，甫往來梓、夔間。永泰元年，武卒。蜀亂，公去蜀，自戎州之渝州，至雲安居之。次年，爲大曆元年，自雲安之夔州，寓西閣。二年遷居赤甲，又遷瀼西，並無再往梓州之事。大曆中，出瞿唐，下江陵，泝沅、湘以登衡山，按《年譜》，大曆三年，去夔出峽，至江陵，移居公安，又之岳州。四年，自岳州至潭州，又間至衡州。

因客耒陽。游岳祠，大水遽至，涉旬不得食，縣令具舟迎之，乃得還。令嘗饋牛炙白酒，大醉，一夕[十七]卒，年五十九。按譜，因臧玠亂，入衡州。欲如郴州，依舅氏崔偉。至耒陽，舟中卒。白酒牛炙，出唐人小説，亦不足信也。《舊唐書》云：甫永泰二年卒，然集中有大曆五年正月追酬高蜀州寄詩，又別題大曆年者數篇。其餘舛謬於本集者尚多，亦不足逐爲指摘也已。甫放曠[十八]不自檢，好論天下大事，高而不切。亦非的論。少與李白齊名，時號『李杜』。嘗從白及高適過汴州，酒酣登吹臺，慷慨懷古，人莫測也。數嘗寇亂，挺節不[十九]污，爲歌詩，傷時橈弱，情不忘君，人憐其忠云。末数言，簡而盡，亦可云千鍾百煉，一字千金，景文信史才也。

贊曰：唐興，詩人承陳、隋風流，浮靡相矜。至宋之問、沈佺期等，研揣聲音，浮切不差，而號『律詩』，競相沿襲[二十]。逮開元間，稍裁以雅正，然恃華者質反，好麗者壯違，人得一概，皆自鳴[二十一]所長。至甫，渾涵汪茫，千彙萬狀，兼古今而有之。他[二十二]人不足，甫乃厭餘，殘膏賸馥，沾丐後人多矣。故元稹謂：『詩人以來，未有如子美者。』甫又善陳時事，律切精深，至千言不少衰，世號『詩史』。昌黎韓愈，於文章慎許可，至歌詩，獨推曰：『李杜文章在，光焰萬丈長。』誠可信云。

（一）按：進《三大禮賦》，在天寶十載，公年四十。

（二）按《傳》，『六經』下有『先鳴數子』四字，今照劉須溪杜集載本節去。

按《舊書》本傳，甫襄陽人，徙河南鞏縣。《新書・審言傳》，亦曰襄陽。朱氏曰：《晋書・杜預傳》云：京兆杜陵人。又《周書・杜叔毗傳》云：其先京兆人，徙居襄陽。《唐書・宰相世系表》載：襄陽杜氏，出自預少子尹。公自稱預十三葉孫，其爲尹之後，明矣。後又自襄陽徙居河南，故公之田園，皆在鞏洛。其族望本出杜陵，故每自稱杜陵野老也。游歷之跡，史原不能詳載，茲仿朱子《韓文考異》例，摘録《年譜》

作注以備考。

【校記】

[一]杜甫：《新唐書》(中華書局一九七五年版)作『甫』。
[二]不能：《新唐書》作『不』。
[三]才：《新唐書》作『材』。
[四]不第：《新唐書》作『不中第』。
[五]元宗：《新唐書》作『玄宗』。避諱，玄宗避康熙帝玄燁諱。睿宗：　當爲元宗，因先天爲玄宗年號，因避康熙帝玄燁諱，後文俱爲元宗。癸丑：　應爲壬子。
[六]能：《新唐書》作『足』。
[七]至於：《新唐書》作『至』。
[八]豈：《新唐書》作『其』。
[九]載：《新唐書》作『年』。
[十]左拾遺：《新唐書》作『右拾遺』。據杜甫《至德二載，甫自京金光門出，間道歸鳳翔，乾元初從左拾遺移華州掾，與親故別，因出此門，有悲往事》及元稹《唐故工部員外郎杜君墓係銘並序》皆作左拾遺，《新唐書》誤。
[十一]絶言者：《新唐書》作『絶言者路』。
[十二]乃解：《新唐書》作『帝乃解』。
[十三]且謝：《新唐書》無『且謝』。
[十四]公曹：《新唐書》作『功曹參軍』。
[十五]詣：《新唐書》作『入』。

[十六]時或：《新唐書》作『或時』。

[十七]夕：《新唐書》作『昔』。

[十八]放曠：《新唐書》作『曠放』。

[十九]不：《新唐書》作『無所』。

[二十]沿襲：《新唐書》作『襲沿』。

[二十一]嗚：《新唐書》作『名』。

[二十二]他：《新唐書》作『它』。

子美先生墓係銘[一]

元稹撰

叙曰：余[二]讀詩至杜子美，而知古人之才[三]有所總萃焉。始堯舜之君臣[四]以賡歌相和。是後詩人繼作，歷夏、殷、周千餘年，仲尼緝拾選練，取[五]其干預教化之尤者三百篇[六]，其餘無聞焉。騷人作而怨憤之態繁，然猶去風雅日近，尚相比擬。秦、漢以還，采詩之官既廢，天下俗[七]謡民謳、歌頌風[八]賦、曲度嬉戲之詞，亦隨時間作。至[九]漢武賦《柏梁》詩[十]，而七言之體興[十一]。蘇子卿、李少卿之徒，尤工爲五言。雖句讀文律各異，雅鄭之音亦雜，而詞意闊[十二]遠，指事言情，自非有爲而爲，則文不妄作。建安之後，天下文士，遭罹兵戰。曹氏父子，鞍馬間爲文，往往横槊賦詩。故其遒文壯節[十三]、抑揚怨哀悲離[十四]之作，尤極於古。晋世風概稍存。宋、齊之間，教失根本，士子[十五]以簡慢、矯飾[十六]、舒徐相尚，文章以風容、色澤、放蕩[十七]、精清爲高，蓋吟寫性靈、流連光景之文也。意義格力，固[十八]無取焉。陵遲至於陳、梁[十九]，淫艷、刻飾、佻巧、小碎之詞劇，又宋、齊之所不取也。唐興，學官[二十]大振。歷世之文，能者互出，而[二十一]

沈、宋之流，研鍊[二十二]精切，穩順聲勢，謂之爲律詩。由是而後，文體之變[二十三]極焉。然而[二十四]好古者遺近，務華者去實；效齊、梁則不逮於魏、晉，工樂府則力屈於五言；律切則骨格不存，閑暇則纖濃莫備。至於子美，蓋所謂上薄風騷，下該沈宋，言奪[二十五]蘇李，氣吞[二十六]曹劉，掩顔謝之孤高，雜徐庾之流麗，盡得古人[二十七]之體勢，而兼昔[二十八]人之所獨專矣。如[二十九]使仲尼考鍛其旨要，尚不知圖[三十]其多乎哉！苟以爲能所不能，無可無[三十一]不可，則詩人以來，未有如子美者。是[三十二]時山東人李白，亦以奇文取稱，時人謂之『李杜』。余[三十三]觀其壯浪縱恣，擺去拘束，摸（校者按：應爲模）寫物象，及樂府歌詩，誠亦差肩於子美矣。至若鋪陳終始，排比聲韻，大或千言，次猶數百，詞氣豪邁，而風調清深，屬對律切，而脱弃凡近，則李尚不能歷其藩翰，况壼[三十四]奥乎！予嘗欲條析[三十五]其文，體别相附，與來者爲之準，特病懶未就爾[三十六]。適遇[三十七]子美之孫[三十八]嗣業，啓子美之柩之[三十九]襄，祔事於偃師。途[四十]次於荆楚[四十一]，雅知予愛言其大父之[四十二]爲文，拜余[四十三]爲誌。辭不能[四十四]絶，余[四十五]因係其官閥而銘其卒葬云。

係曰：晉當陽成侯，姓杜氏，下[四十六]十世而生依藝，令於鞏。依藝生審言，審言[四十七]善詩，官至膳部員外郎。審言生閑，閑生甫。閑爲奉天令。甫字子美，天寶中，獻《三大禮賦》，明皇[四十八]奇之，命宰相試文，文善，授右衛率府胄[四十九]曹屬。京兆[五十]亂，步謁行在，拜左拾遺。歲餘，以直言失[五十一]官，出爲華州司功，尋遷京兆功曹[五十二]。劍南節度使嚴武，狀爲工部員外郎，參謀軍事[五十三]。旋又弃去，扁舟下荆、楚間，竟以寓卒，旅[五十四]殯岳陽，享年五十有[五十五]九。夫人宏[五十六]農楊氏女，父曰司農少卿怡，四十九年而終。嗣子曰宗武，病不克葬，殁，命其子嗣業。嗣業以家[五十七]貧，無以給喪，收拾乞匄，焦勞晝夜，去子美殁後餘四十年，然後卒先人之志，亦足爲難矣。

銘曰：維元和之癸巳，粤某月某日之佳辰，合窆我杜子美於首陽之山前[五十八]。嗚呼！千載[五十九]而下，曰：此[六十]先生之古墳。

少陵集，舊序頗少佳者。特録微之誌文，既可備先生世系，其叙文即可作先生詩序。誌分叙、係、銘三項，亦一格也。與昌黎《貝州司法參軍墓誌》格略同。

【校記】

[一]子美先生墓係銘：《元稹集》（中華書局一九八二年版）、明刻本《元氏長慶集》題作《唐故工部員外郎杜君墓係銘並序》。

[二]余：《元稹集》《元氏長慶集》作「予」。

[三]古人之才：《元稹集》《元氏長慶集》作「小大之」。

[四]堯舜之君臣：《元稹集》《元氏長慶集》作「堯舜時，君臣」。

[五]取：《元氏長慶集》無「取」字。

[六]篇：《元氏長慶集》無「篇」字。

[七]俗：《元氏長慶集》作「妖」。

[八]風：《元稹集》《元氏長慶集》作「諷」。

[九]至：《元氏長慶集》作「逮至」。

[十]詩：《元氏長慶集》無「詩」字。

[十一]興：《元稹集》《元氏長慶集》作「具」。

[十二]闊：《元稹集》《元氏長慶集》作『簡』。
[十三]遒文壯節：《元稹集》《元氏長慶集》無。
[十四]怨哀悲離：《元氏長慶集》作『冤哀悲離』。
[十五]士子：《元稹集》《元氏長慶集》作『士』。
[十六]矯飾：《元稹集》《元氏長慶集》作『歙習』。
[十七]蕩：《元稹集》《元氏長慶集》作『曠』。
[十八]固：《元氏長慶集》無『固』字。
[十九]陳、梁：《元稹集》《元氏長慶集》作『梁、陳』。
[二十]學官：《元稹集》《元氏長慶集》作『官學』。
[二十一]而：《元氏長慶集》作『而又』。
[二十二]鍊：《元稹集》《元氏長慶集》作『練』。
[二十三]文體之變：《元稹集》《元氏長慶集》作『文變之體』。《杜詩鈔》此處意更順。
[二十四]然而：《元稹集》《元氏長慶集》作『然而莫不』。
[二十五]言奪：《元稹集》《元氏長慶集》作『古傍』。
[二十六]吞：《元稹集》《元氏長慶集》作『奪』。
[二十七]人：《元稹集》《元氏長慶集》作『今』。
[二十八]昔：《元稹集》作『今』。《元氏長慶集》作『昔』。
[二十九]如：《元稹集》《元氏長慶集》無『如』字。
[三十]圖：《元稹集》《元氏長慶集》作『貴』。
[三十一]無：《元氏長慶集》無『無』字。

[三十二]是：《元氏長慶集》無『是』字。

[三十三]余：《元稹集》《元氏長慶集》作『予』。

[三十四]壼：《元稹集》《元氏長慶集》作『堂』。

[三十五]條析：《元氏長慶集》作『件拆』。

[三十六]爾：《元氏長慶集》無『爾』字。

[三十七]遇：《元稹集》《元氏長慶集》無『遇』字。

[三十八]孫：《元氏長慶集》作『子子』。

[三十九]之：《元氏長慶集》無『之』字。

[四十]途：《元氏長慶集》無『途』字。

[四十一]楚：《元稹集》《元氏長慶集》無『楚』字。

[四十二]之：《元氏長慶集》無『之』字。

[四十三]拜余：《元稹集》作『祈予』。《元氏長慶集》作『拜予』。

[四十四]能：《元氏長慶集》作『可』。

[四十五]余：《元稹集》《元氏長慶集》作『予』。

[四十六]十：《元氏長慶集》無『下』字。

[四十七]審言：《元氏長慶集》無『審言』字。

[四十八]皇：《元氏長慶集》作『帝』。

[四十九]右衛率府胄：《元稹集》《元氏長慶集》作『甫』。

[五十]兆：《元稹集》《元氏長慶集》作『師』。

[五十一]失：《元氏長慶集》無『失』字。

[五十二]功曹：《元稹集》《元氏長慶集》作「事」。

[五十三]劍南節度使嚴武，狀爲工部員外郎，參謀軍事：《元稹集》《元氏長慶集》無此句。

[五十四]旅：《元稹集》《元氏長慶集》作「旋」。

[五十五]有：《元稹集》《元氏長慶集》無「有」。

[五十六]宏：《元稹集》《元氏長慶集》作「弘」。

[五十七]以家：《元稹集》《元氏長慶集》無「以家」。

[五十八]之山前：《元稹集》《元氏長慶集》作「之前山」。

[五十九]載：《元稹集》《元氏長慶集》作「歲」。

[六十]此：《元稹集》《元氏長慶集》作「此文」。

杜詩鈔卷上

六觀樓讀本

五古

望岳

岱宗夫如何，齊魯青未了。造化鍾神秀，陰陽割昏曉。蕩胸生層[一]雲，决眦入歸鳥。會當凌絶頂，一覽衆山小。

劉須溪云：『即齊魯青未了五字，雄蓋一世。詩僅八十字耳（校者按：爲四十字，此處誤），而氣象萬千，足爲全詩之弁。』趙次公注：『陰陽割昏曉，如《史記》言崑崙日月所相避，隱其光明也，割之爲言分也。』

【校記】

[一]層：《杜工部集》《杜詩詳注》作『曾』。

游龍門奉先寺

龍門即伊闕。《元和志》：伊闕山，在伊闕縣北四十五里。按，今爲伊陽縣。

已從招提游(一)，更宿招提境。陰壑生虛籟，月林散清影。天闕象緯逼，雲卧衣裳冷。欲覺聞晨鐘，令人發深省。

(一)招提，梵言拓豆提奢，唐言四方僧物也。傳寫訛拓爲招，又遺去豆奢字，即今言十方住持是也。又《唐會要》官賜額爲寺，私造者爲招提蘭若。

前首見此老器宇之大，此首見此老胸次之高，二首缺一不可。《東都記》：龍門號雙闕，與大内對峙，若天闕焉。

奉贈韋左丞丈二十二韻

韋名濟。《唐六典》：左右丞，掌管轄省事，糾舉憲章。

紈袴不餓死，儒冠多誤身。丈人試静聽，賤子請具陳。甫昔少年日，早充觀國賓。讀書破萬卷，下筆如有神。賦料揚雄敵，詩看子建親。李邕求識面，王翰願卜[二]鄰(一)。自謂頗挺出，立登要路津。致君堯舜上，再使風俗醇[二]。此意竟蕭條，行歌非隱淪。騎驢三十[三]載，旅食京華春。朝叩[四]富兒門，暮隨肥馬塵。殘杯與冷炙，到處潛悲辛。主上頃見徵，欻然欲求伸。青冥却垂翅，蹭蹬無縱鱗。甚愧丈人厚，甚知丈人真。每於百寮[五]上，猥誦佳句新。竊效貢公喜，難甘原憲貧。焉能心怏怏，祇[六]是走踆踆。今欲東入海，即將西去秦。尚憐終南山，回首清渭濱。常擬報一飯，况懷辭大臣。白鷗没浩蕩，萬里誰能馴？

（一）師氏古曰：唐李邕有才名，後進想慕，求識其面。王翰，文士也，杜華嘗與游，華母崔氏曰：『吾聞孟母三遷，今欲卜居，使汝與王翰爲鄰。』

黄鶴曰：此詩前後乃陳情也。公以開元二十四年應京兆貢舉不第，遂困長安，故云：『早充觀國賓』，『旅食京華春』。至天寶六載，詔天下有一藝者赴轂下。公自東都歸應詔，而李林甫忌人斥己建言，乞先下尚書省試，遂無一中者，公由是退下，故云『主上頃見徵』『青冥却垂翅』。末云『况懷辭大臣』，公明年，果又有東都之游也。一起悲慨，一結豪壯，身世與性情俱見，中後頓挫抑揚，滅盡轉折之跡。詩中『三十載』，按年譜當作十三載。『白鷗没浩蕩』，宋敏求以鷗不能没，改作『波』字，其同時王洙，已譏之矣。

【校記】

[一]卜：《杜詩詳注》作『爲』。
[二]醇：《杜工部集》《杜詩詳注》作『淳』。
[三]三十：《杜詩詳注》作『十三』。
[四]叩：《杜工部集》《杜詩詳注》作『扣』。
[五]寮：《杜詩詳注》作『僚』。
[六]祇：《杜工部集》作『秖』。

同諸公登慈恩寺塔〔一〕

公自注：時高適薛據，先有此作。

高標跨蒼穹〔二〕，烈風無時休。自非曠士懷，登兹翻百憂。方知象教力〔二〕，足可追冥搜。仰穿龍蛇窟，始出枝撑幽〔三〕。七星在北户，河漢聲西流。羲和鞭白日，少昊行清秋。秦山忽破碎，涇渭不可求。俯視但一氣，焉能辨皇州。回首叫虞舜，蒼梧雲正愁。惜哉瑶池飲，日晏崑崙邱。黄鵠去不息，哀鳴何所求〔三〕。君看隨陽雁，各有稻粱謀。

〔一〕王洙曰：《西京雜記》（校者按：應爲《兩京新紀》）：西京外郭城進業坊（校者按：進業坊應爲進昌坊）慈恩寺，隋無漏寺故地，武德初廢。貞觀中，高宗在春宮，爲文德皇后立，故以慈恩爲名。寺西院浮圖六級，高三百尺。永徽三年，沙門元奘所立。按此即雁塔也。

〔二〕象教，王鈞栖《頭陀寺碑》：『正法既没，象教陵夷』。注：謂爲形像以教人。

〔三〕枝撑，見《靈光殿賦》，注：交木也。

浦見龍曰：詩用四句領勢，次段言登塔所見，後段言登塔所感也。蓋亂源已兆，憂患填胸，觸境即動，祇一憑眺間，山河無恙，塵昏滿目，於是追想國初政治之隆，預憂日後荒淫之禍，而有高舉遠患之思焉。顧此詩之作，猶在昇平京闕間也。恐後半所云，比於無病而呻，故起處先用『曠士』『百憂』，提破懷抱，以伏寓慨之根，此則匠心獨苦者也。太宗受内禪，故以舜擬之。『惜哉』二句，則刺明皇太真之詞也。趙次公因寺爲高宗爲文德皇后所建，謂托虞舜以思高宗，托王母以思文德皇后，不惟於本文語意不合，於下文直不屬矣。

【校記】

[一]穹：《杜工部集》作『天』。

[二]求：《杜工部集》《杜詩詳注》作『投』。

示從孫濟(一)

平明跨驢出，未知適誰門。權門多噂沓，且復尋諸孫。諸孫貧無事，宅舍如荒村。堂前自生竹，堂後自生萱。萱草秋已死，竹枝霜不繁[一]。淘米少汲水，汲多井水渾。刈葵莫放手，放手傷葵根。阿翁懶墮[二]久，覺兒行步奔。所來爲宗族，亦不爲盤飧。小人利口實，薄俗難具[三]論。勿受外嫌猜，同姓古所敦。

(一)蔡夢弼曰：濟，字應物，終給事中、京兆尹。

邵長衡曰：真趣自漢魏出。後半乃訓戒之言，忽入比興，如諺如謡，有水源木根之義。

【校記】

[一]繁：《杜工部集》《杜詩詳注》作『蕃』。

[二]墮：《杜工部集》《杜詩詳注》作『惰』。

[三]具：《杜工部集》作『可』。

前出塞九首

王嗣奭《杜臆》：天寶間，哥舒翰征吐蕃時事。

戚戚去故里，悠悠赴交河（一）。公家有程期，亡命嬰禍羅（二）。君已富土境，開邊一何多。弃絶父母恩，吞聲行負戈。

出門日已遠，不受徒旅欺。骨肉恩豈斷，男兒死無時。走馬脱轡頭，手中挑青絲（三）。捷下萬仞岡，俯身試搴旗。

磨刀嗚咽水，水赤刃傷手。欲輕斷腸［一］聲（四），心緒亂已久。丈夫誓許國，憤惋復何有。功名圖麒麟，戰骨當速朽。

送徒既有長，遠戍亦有身。生死嚮前去，不勞吏怒嗔［二］。路逢相識人，附書與六親（五）。哀哉兩决絶，不復同苦辛。

迢迢萬里餘［三］，領我赴三軍。軍中異苦樂，主將寧盡聞。隔河見胡騎，倏忽數百群。我始爲奴僕，幾時樹功勳。

挽弓當挽强，用箭當用長。射人先射馬，擒賊先擒王。殺人亦有限，立［四］國自有疆。苟能制侵陵，豈在多殺傷。

驅馬天雨雪，軍行入高山。逕危抱寒石，指落曾冰間。已去漢月遠，何時築城還？浮雲暮南征，可望不可攀。

單于寇我壘，百里風塵昏。雄劍四五動，彼軍爲我奔。虜其名王歸，繫頸授轅門（六）。潛身備行列，一勝何足論。

從軍十年餘，能無分寸功。衆人貴苟得，欲語羞雷同。中原有鬥争，况在狄與戎。丈夫四方志，安可辭固窮。

（一）唐交河郡，屬隴右道，在今天山南路闢展土爾番地。
（二）亡命，顔師古曰：命，名也。謂脱其名籍而逃亡也。
（三）梁簡文帝詩：『宛轉青絲鞚』。
（四）《三秦記》：隴山，天水大坂也。俗云：隴頭流水，鳴聲嗚咽，遥望秦川，肝腸斷絶。
（五）《漢書·賈誼傳》注：六親，父母兄弟妻子也。
（六）浦二田曰：此章言戰陣也。名王繫頸，懸擬以壯軍志。《錢箋》引燕將张守珪誘殺奚契丹事以實之。两地相懸，毫無干涉。

九章相次爲章法，亦悲亦壯，借古題寫時事，洞悉人情，兼明大義，可與『東山』『采薇』諸詩併讀，此變雅之音也。

【校記】

［一］斷腸：《杜工部集》《杜詩詳注》作『腸斷』。
［二］嗔：《杜詩詳注》作『瞋』。
［三］里餘：《杜工部集》作『餘里』。
［四］立：《杜工部集》作『列』。

九日寄岑參

出門復入門，兩[一]脚但如舊。所向泥活活，思君令人瘦。沉吟坐西軒，飲食錯昏晝。寸步曲江頭，難爲一相就。吁嗟乎蒼生，稼穡不可救。安得誅雲師，疇能補天漏（一）。大明韜日月，曠野號禽獸。君子强逶迤，小人困馳驟。維南有崇山，恐與川浸溜。是歲[二]東籬菊，紛披爲誰秀。岑生多新詩，性亦嗜醇酎。采采黄金花，何由滿衣袖。

（一）《梁益记》：雅州有大小漏天。雅州，今四川雅州府。

《通鑑》：天寶十三載，秋八月，淫雨傷稼，楊國忠取禾之善者獻之，高力士侍側。上曰：『淫雨不已，卿可盡言。』對曰：『自陛下以權假宰相，陰陽失度，臣何敢言。』此詩正其時作，寄岑非祇寄懷，實以寄憂也。説本仇滄注《杜詩詳注》。

【校記】

[一]兩：《杜詩詳注》作『雨』。

[二]歲：《杜工部集》《杜詩詳注》作『節』。

奉同郭給事湯東靈湫作 湯即驪山湯，一曰温泉，山在今陜西藍田縣。

東山氣鴻濛[一]，宫殿居上頭（一）。君來必十月，樹羽臨九州。陰火煮玉泉，噴薄漲岩幽。有時浴赤日，光抱空中樓。閬風入轍跡，廣[二]原延冥搜（二）。拂[三]天萬乘動，觀水百丈湫。幽靈斯可怪[四]，王命官屬休。初聞龍用壯，擘石摧林邱。中夜窟宅改，移因風雨秋。倒懸瑶池影，屈注滄江流。味如甘露漿，揮弄滑且柔。翠旗澹[五]偃蹇，雲車紛少留。簫鼓蕩四溟，異香泱漭浮。鮫人獻微綃（三），曾祝沉豪牛（四）。『百祥奔聖[六]明』，古先莫能儔。坡陀金蝦蟆（五），出見蓋有由。『至尊顧之笑，王母不遣[七]收』。「遣或作肯。」復歸虚無底，化作長黄虬（六）。飄飄青瑣郎，文采珊瑚鈎。浩歌渌水曲，清絶聽者愁。

（一）《述征記》：長安東則驪山。《唐書》：驪山宫，天寶十載，改曰華清宫。

（二）《十洲記》：崑崙三角，其一角曰閬風巔。《穆天子傳》：自西王母之邦，北至於曠原之野。

（三）《述異記》：鮫人即泉先也。

（四）《穆天子傳》：天子至河宗奉璧，曾史佐之。曾，重也。

（五）《瀟湘録》：高宗患頭風，宫人穿地置藥鑪，忽有金蝦蟆躍出，背朱書武字。公蓋借引此事也。

（六）虬，獨角龍也。禄山事跡，帝宴禄山，禄山醉卧，化爲猪龍。公蓋以王母擬貴妃，以虬喻禄山也。

朱鶴齡曰：此直陳温湯事，而諷刺自見，憂亂之意，情見乎辭。按此詩自湯入湫，次叙湫之所由來，次叙臨觀致祀之事，乃用百祥奔聖明一句，反起下文，借用武后事以惕之，至云至尊顧之笑，王母不肯收，其詞微矣。入泉底而化虬，禍機已兆，森然可畏。末四句揭出和詩意。

【校記】

[一]鴻濛：《杜詩詳注》作『濛鴻』。

[二]廣：《杜工部集》作『曠』，《杜詩詳注》作『曠』。

[三]拂：《杜工部集》《杜詩詳注》作『沸』。

[四]怪：《杜工部集》作『佳』。

[五]澹：《杜工部集》作『淡』。

[六]聖：《杜詩詳注》作『盛』。

[七]遺：《杜工部集》作『肯』。

後出塞五首

浦云：蓋在祿山將叛之時。

男兒生世間，及壯當封侯。戰伐有功業，焉能守舊邱。召募赴薊門（一），軍動不可留。千金買馬鞍[一]，百金裝刀頭。閭里送我行，親戚擁道周。班[二]白居上列，酒酣進庶羞。少年別有贈，含笑看吳鈎（二）。

朝進東門營（三），暮上河陽橋。落日照大旗，馬鳴風蕭蕭。平沙列萬幕，部伍各見招。中天懸明月，令嚴夜寂寥。悲笳數聲動，壯士慘不驕。借問大將誰，恐是霍嫖姚（四）。

古人重守邊，今人重高勛。豈知英雄主，出師亘長雲。六合已一家，四夷且孤軍。遂使貔虎士，奮身勇所聞。拔劍擊大荒，日收胡馬群。誓開元冥北，持以奉吾君。

獻凱日繼踵，兩蕃静無虞（五）。漁陽豪俠地（六），擊鼓吹笙竽。雲帆轉遼海，粳稻來東吴。越羅與楚練，照耀輿臺軀。主將位益崇，氣驕凌上都。邊人不敢議，議者死路衢。

我本良家子，出師亦多門。將驕益愁思，身貴不足論。躍馬二十年，恐孤[三]明主恩。坐見幽州騎，長驅河洛昏。中夜間道歸，故里但空村。惡名幸脱免，窮老無兒孫。

（一）幽州節度使，治薊縣，今順天府。

（二）鈎，劍也。吴王闔閭作金鈎，事見《吴越春秋》。

（三）《寰宇記》：上東門，洛陽東面門也。

（四）嫖姚，見《漢書·霍去病傳》。師古注：迅疾之貌。俱讀去聲，少陵蓋從服虔音，作平聲。

（五）兩蕃，奚、契丹也。《通鑑》：天寶十三載，禄山奏擊破奚、契丹。十四載，奏破奚、契丹。

（六）漁陽，幽州節度通稱也。唐漁陽縣，治今薊州。

此詩首章寫應募，次章寫入軍，三章承上起下。仇氏云：朝廷好大，以致邊將要功，特爲推本言之。四章言竭天下之力，借寇兵而賫盜糧，末直言其究竟。張惕庵云：情急詞危，不啻祖伊奔告，却托之從軍之言，所謂言者無罪，聽者足戒也。浦二田云：仇注惑於錢箋，幽州騎之注，遂謂此詩是舉兵犯順後作，試思反叛既起，搶攘極矣，雖復悔極養癰，亦已事異曲突，尚何須從容追論如前四章耶？且至此何嫌直陳禍亂，而必托以逃軍口語，以爲隐諷耶。

【校記】

[一]買馬鞍：《杜工部集》作『買馬鞭』，《杜詩詳注》作『裝馬鞭』。

[二]班：《杜工部集》作『斑』。

[三]孤：《杜工部集》作『辜』。

自京赴奉先縣咏懷五百字

今陜西蒲城，隋縣也。開元四年，改名奉先。

杜陵有布衣（一），老大意轉拙。許身一何愚，竊比稷與卨[二]。居然成濩落，白首甘契闊（二）。蓋棺事則已，此志常覬豁。窮年憂黎元，嘆息腸内熱。取笑同學翁，浩歌彌激烈。非無江海志，蕭灑送日月。生逢堯舜君，不忍便永訣。當今廊廟具，構厦豈云缺？葵藿傾太陽，物性固難[三]奪。顧惟螻蟻輩，但自求其穴。胡爲慕大鯨，輒擬偃溟渤？以此[三]悟生理，獨耻事干謁。兀兀遂至今，忍爲塵埃没。終愧巢與由，未能易其節。沉飲聊自適[四]，放歌破[五]愁絶。歲暮百草零，疾風高岡裂。天衢陰崢嶸，客子中夜發。霜嚴衣帶斷，指直不得[六]結。凌晨過驪山，御榻在嵽嵲（三）。蚩尤塞寒空（四），蹴踏崖谷滑。瑶池氣鬱律，羽林相摩戛。君臣留歡娱，樂動殷膠葛（五）[七]。賜浴皆長纓，與宴非短褐。彤庭所分帛，本自寒女出。鞭撻其夫家，聚斂貢城闕。聖人筐篚恩，實欲[八]邦國活。臣如忽至理，君豈弃此物。多士盈朝廷，仁者宜戰慄[九]。况聞内金盤，盡在衛霍室。中堂有[十]神仙，烟霧蒙[十一]玉質。暖客貂鼠裘，悲管逐清瑟。勸客駝蹄羹，霜橙壓香橘。朱門酒肉臭，路有凍死骨。榮枯咫尺異，惆悵難再述。北原[十二]就涇渭，官渡又改轍（六）。群冰[十三]從西下，極目高崒兀。疑是崆峒來，恐觸天柱折。河梁幸未拆[十四]，枝撑聲窸窣。行李[十五]相攀援，川廣不可越。老妻寄異縣，十口隔風雪。誰能久不顧，庶往共飢[十六]渴。入門聞號咷，幼子餓[十七]已卒。吾寧捨一哀，里巷亦嗚咽。所愧爲人父，無食致夭折。豈知秋禾[十八]登，貧屢[十九]有倉卒。生常免租税，名不隸征伐。撫跡猶酸辛，平人固騷屑。默思失業徒，因念遠戍卒。憂端齊終南，澒洞不可掇（七）。

（一）杜陵，在長安城東，霸陵南五里，其東南十餘里，有陵差小，曰少陵。東即杜曲，西即子美故宅。

（二）濩落，猶廓落也。契闊，詩注：勤苦也。

（三）嵽，徒結切。

（四）蚩尤，趙次公注：乘輿前導之旗。羽林扈駕之軍也。按《甘泉賦》，蚩尤之倫，带干將，秉玉戚。

（五）殷膠葛，相如賦注：曠遠貌。殷，讀作隱。

（六）官渡，自係渭水之渡。王洙注：即曹袁相持之處。按彼乃汴水之渡，與此何涉。魯訔曰：『公在率府，其家先在奉先。』

（七）澒，胡孔切。《淮南子》：未有天地，鴻濛澒洞。

浦見龍曰：此爲集中開頭大文章，老杜平生大本領，須用一番大魄力讀之，不宜如朱仇諸本，瑣瑣分裂。通篇止三大段，首明賫志去國之情，中慨君臣耽樂之失，末述到家哀苦之感。而起手用許身稷契總領，如金之聲也；末用憂端齊終南總收，如玉之振也。其稷契之心，憂端之切，在於國奢民困，而民爲邦本，尤其所深危而極慮者。故首言去國也，則曰『窮年憂黎元』；中慨耽樂也，則曰『本自寒女出』；末述還家也，則曰『默思失業徒』。一篇之中，三致意焉。然則其所謂比稷契者，果非虚語，而結憂端者，終無已時矣。

【校記】

［一］禼：《杜工部集》《杜詩詳注》作『契』。

［二］難：《杜工部集》作『莫』。

［三］此：《杜工部集》《杜詩詳注》作『茲』。

[四]適：《杜詩詳注》作「遣」。
[五]破：《杜工部集》作「頗」。
[六]得：《杜詩詳注》作「能」。
[七]膠葛：《杜工部集》作「樛嶱」。
[八]欲：《杜詩詳注》作「願」。
[九]慄：《杜工部集》《杜詩詳注》作「慄」。
[十]有：《杜工部集》作「舞」。
[十一]蒙：《杜工部集》作「散」。
[十二]原：《杜工部集》《杜詩詳注》作「轅」。
[十三]冰：《杜詩詳注》作「水」。
[十四]拆：《杜工部集》作「坼」。
[十五]李：《杜工部集》作「旅」。
[十六]飢：《杜詩詳注》作「饑」。
[十七]餓：《杜工部集》作「飢」。
[十八]禾：《杜工部集》作「未」。
[十九]屢：《杜工部集》《杜詩詳注》作「窶」。

白水[一]崔少府十九翁高齋三十韻　白水，今縣屬同州府。

客從南縣來[一]，浩蕩無與適。旅食白日長，況當朱炎赫。高齋坐林杪，信宿游衍闃。清[二]晨陪躋攀，傲睨俯峭壁。崇岡相枕帶，曠野迴[三]咫尺。始知賢主人，贈此遣愁寂。危階根青冥，曾冰生淅瀝。上有無心雲，下有欲落石。泉聲聞復息[四]，動静隨所激[五]。鳥呼藏其身，有似懼彈射。吏隱適[六]情性(二)，兹焉其窟宅。白水見舅氏，諸翁乃仙伯。杖藜長松下[七]，作尉窮谷僻。爲我炊雕胡，逍遥展良覿。坐久風頗怒[八]，晚來山更碧。相對十丈蛟，欻翻盤渦坼。何得空裏雷，殷殷尋地脉。烟氛靄崷崒，魍魎森慘戚。崑崙空同顛[九]，回首如不隔。前軒頹返[十]照，巉絶華岳赤。兵氣漲林巒，川光雜鋒鏑。知是相公軍，鐵馬雲霧積(三)。玉觴淡無味，胡羯豈强敵。長歌激屋梁，泪下流衽席。人生半哀樂，天地有順逆。慨彼萬國夫，休明備征狄。猛將紛填委，廟謀蓄長策。東郊何時開，帶甲且未[十一]釋。欲告清宴罷，難拒幽明迫(四)。三嘆酒食傍，何由似平昔？

(一)元魏太和十二年，割白水縣，置南白水縣。西魏改名蒲城。開元四年，又改蒲城，曰奉先。天寶十五載，公自奉先往白水依舅氏，故曰自南縣來也。

(二)《汝南先賢傳》：郭(校者按：郭應爲鄭)欽吏隱於蟻陂之陽。

(三)《唐書》：禄山反，以哥舒翰爲太子先鋒兵馬大元帥，明年正月，進位尚書左僕射。

(四)幽明，即晦明也。

盧元昌曰：高齋旅食時，哥舒正守潼關，李、郭皆請固守，國忠恐其圖己，促之出戰，潼危不守矣。詩云：『知是相公軍，铁馬雲霧積』，言守關尚足恃也。云『猛將紛填委，廟謀謀(校者按：《杜工部集》謀作蓄)長策』，謂當將相協和以圖萬全之道也。云『東郊何時開，帶甲且未釋』，謂毋懈於防也。末云『三嘆酒食旁(校者按：旁爲傍誤)，何由似平昔』，又早慮闔任不專，廟謀失計，而潼關必潰矣。

【校記】

[一]白水：《杜工部集》作『白水縣』。
[二]清：《杜工部集》作『青』。
[三]迴：《杜工部集》作『懷』。
[四]息：《杜工部集》作『急』。
[五]激：《杜工部集》作『擊』。
[六]適：《杜工部集》作『道』。
[七]下：《杜工部集》作『陰』。
[八]怒：《杜工部集》作『愁』。
[九]空同顛：《杜工部集》作『崆峒顛』，《杜詩詳注》作『崆峒巔』。
[十]反：《杜工部集》《杜詩詳注》作『返』。
[十一]未：《杜工部集》作『來』。

述懷

去年潼關破，妻子隔絶久。今夏草木長，脱身得西走。麻鞋見天子，衣袖露[一]兩肘。朝廷慜生還，親故傷老醜。涕泪受拾遺，流離主恩厚。柴門雖得去，未忍即開口。寄書問三川（一），不知家在否？比聞同罹禍，殺戮到鷄狗。山中漏茅屋，誰復依户牖。摧頽蒼松根，地冷骨未朽。幾人全性命，盡室豈相偶。嶔崎[二]猛虎場，鬱結回[三]我首。自寄一封書，今已十月後。反畏消息來，寸心亦何有。漢運初中興，生平老耽酒。沉思歡會處，恐作窮獨叟。

（一）三川，在鄜州南，時公家寓鄜州。

此脱難拜官後思家之作。乃云『柴門雖得去，未忍即開口』，感君恩，忘妻子，公忠之忱，形於楮墨。至寄書未還，時深疑懼。末四句公義私情，兩兩收盡。

【校記】

[一]露：《杜詩詳注》作『見』。

[二]崎：《杜工部集》《杜詩詳注》作『岑』。

[三]回：《杜工部集》《杜詩詳注》作『迴』。

塞蘆子

關名，在今延安府，詳後。

五城何迢遞（一）[一]，迢迢隔河水。邊兵盡東征，城内空荆杞。思明割懷衛，秀岩西未已。迴略大荒東[二]，崤函『蓋虛爾』。延州秦北户，關防猶可倚。焉得一萬人，疾驅塞蘆子（二）。岐有薛大夫，傍制山賊起。近聞昆戎徒，爲退三百里。蘆關扼兩寇，深意實在此。誰能叫帝閽，胡行速如鬼。

（一）五城，唐《方鎮表》：朔方節度領定遠、豐安二軍，及三受降城。朔方，今河套内俄（校者按：俄爲鄂誤）爾多斯地。

（二）《元和志》：延昌縣，南至延州一百七十里。塞門鎮，在縣西北二十里。蘆子關，北去鎮一十八里。延昌故城，在今安塞縣北。

此詩之意，《讀杜心解》得之，蓋因史思明、高秀岩引兵寇太原，渡河而西，即延州地界，北即靈武，又中興之地，是時朔方之兵東征，備禦空虚，使賊渡河而北，由靈武南下，則蘆子實爲北面門户，崤函之險，在關中東面，不當要害，故云蓋虚爾。兩寇，即指思明、秀岩而言。蔡夢弼注：混入吐蕃，非是，『迴略大荒』，不過謂思明、秀岩略邊而來也。薛大夫，景仙也。《通鑑》：至德元載七月，以陳倉令薛景仙爲扶風太守（許注：扶風，今鳳翔府，在長安西），兼防禦使，賊寇扶風，景仙擊却之，引景仙事作襯筆，見防守得宜，足見明效，况蘆子北面保障，顧可忽乎。曰萬人疾驅，曰胡行如鬼，危惕之情，表出作意。蔡注蓋因薛大夫之事而誤，然寇從西來，蘆子豈當其衝乎？知此則所謂兩寇者，不兼吐蕃而言，無疑也。

【校記】

［一］遞：《杜工部集》《杜詩詳注》作『迢』。

［二］東：《杜工部集》《杜詩詳注》作『來』。

送長孫九侍御赴武威判官

武威，今甘肅凉州府，唐河西節度治所。

總［一］馬新鑿蹄，銀鞍被來好。綉衣黄白郎（一），騎嚮交河道。問君適萬里，取別何草草。天子憂凉州，嚴程到須蚤［二］。去秋群胡反，不得無電掃。此行牧［三］遺甿，風俗方再造。族父領元戎（二），名聲閣［四］中老。奪我同官良，［五］令我惡懷抱。若人才思闊，溟漲浸絶島。樽［六］前失詩流，塞上得國寶。皇天悲送遠，雲雨白浩浩。東郊尚烽火，朝野色枯槁。西極柱亦傾，如何正穹昊。

（一）北齊樂府：懷黄綰白，鵷鷺成行。

（二）《唐書》：至德二載，以戎部侍郎杜鴻漸爲河西節度使。

詩係平叙，而波瀾頓挫，出乎其間。「交河」見前注。西去凉州甚遠，然河西固出交河之道，非謂交河即凉州也。末搭入東郊，固目擊時勢使然，然即寓送别之意，與「渭北」「江東」，同一體例也。

【校記】

[一]總：《杜工部集》《杜詩詳注》作「驄」。

[二]蚤：《杜詩詳注》作「早」，假借。

[三]牧：《杜工部集》《杜詩詳注》作「收」。

[四]閣：《杜工部集》《杜詩詳注》作「國」。

[五]《杜工部集》此處有「飄摇按城堡。使我不能餐」二句。《杜詩詳注》亦有此二句，「飄摇」作「飄颻」。

[六]樽：《杜工部集》作「尊」。

送樊二十三侍御赴漢中判官

弧威[一]不能弦，自爾無寧歲。川谷血横流，豺狼沸相噬。天子從北來，長驅振凋敝。頓兵岐梁下，却跨沙漠裔。二京陷未收，四極我得制。蕭索漢水清，緬通淮湖税。使者紛星散，王綱尚旒綴。南伯從事賢[二]，君行立談際。坐[三]知七曜曆，手畫三軍勢。冰雪净聰明，雷霆走精鋭。幕府輟諫官，朝廷無此例。

至尊方旰食，仗爾布嘉惠。補闕暮徵入，柱史晨征憩。正當艱難時，實藉長久計。回[三]風吹獨樹，白日照執袂。慟哭蒼烟根，山門萬重閉。居人莽牢落，游子方迢遞。徘徊悲生離，局促老一世。陶唐歌遺民(二)，後漢更列帝。我[四]無匡復資[五]，聊欲從此逝。

(一)《通鑑》：至德元載，第五琦請以江、淮租庸，市輕貨，泝江、漢而上，令漢中王瑀陸運至扶風，以助軍。南伯，即謂瑀也。

(二)遺民，公自謂也。下句謂如後漢之中興。

沉鬱健拔，老杜本色，每篇必有關時事要害之語，此首中則『蕭索漢水清，緬通淮湖稅』是也。

【校記】

[一]弧威：《杜詩詳注》作『威弧』。

[二]坐：《杜工部集》作『生』。

[三]回：《杜詩詳注》作『迴』。

[四]我：《杜工部集》作『恨』。

[五]資：《杜工部集》作『姿』。

送從弟亞赴河[一]西判官

《舊書》：亞，字次公。景雲二年，分隴右道、置河西道，治凉州。

南風作秋聲，殺氣薄炎熾。盛夏鷹隼擊，時危異人至。令弟草中來，蒼然請論事。詔書引上殿，奮舌動天意。兵法五十家，爾腹爲篋[二]笥。應對如轉丸，疏通略文字。經綸皆新語，足以正神器。宗廟尚爲灰，君臣俱下泪。崆峒地無軸，青海天軒輊。西極最瘡痍，連山暗烽燧。帝曰大布衣，藉卿佐元帥(一)。坐看清流沙，所以子奉使。歸當再前席，適遠非歷試。須存武威郡，爲畫長久利。孤峰石戴驛，快馬金纏轡。黄羊飫不羶，蘆酒多還醉(二)。踴躍常人情，慘淡[三]苦士志。安邊敵何有，反正計始遂。吾聞駕鼓車，不合用騏驥。龍吟回[四]其頭，夾輔待所致。

(一)元帥，杜鴻漸。

(二)蔡注：大觀三年，郭隨出使，舉黄羊、蘆酒，問外使時立愛。立愛云：『黄羊野物，獵取，食之不羶。蘆酒，糜穀醖成，但力微，飲多則醉。』按此事在老杜後，想其説相傳久矣。

胡夏客云：送韋、送樊、送亞三詩，感慨悲壯，使懦氣亦奮，宜其躬遇中興，此聲音之通乎時命者也。按河西即武威也。前有《送長孫侍御赴武威判官》一作，何以亞又充此選？按集中有《哭長孫侍御》詩。黄鶴云：應是得武威之命，未到而死，故亞繼其職耳。以兩作相較，而此作尤豪壯。

【校記】

[一]河：《杜工部集》作『安』。

[二]篋：《杜工部集》作『篋』。

[三]淡：《杜工部集》《杜詩詳注》作『澹』。

[四]回：《杜詩詳注》作『迴』。

送韋十六評事充同谷[一]防禦判官

同谷，今成縣，屬甘肅階州。

昔没賊中時，潛與子同游。今歸行在所，王事有去留。偪側兵馬間，主憂急良籌。子雖軀幹小，老氣橫九州。挺身艱難際，張目視寇讎。朝廷重[二]其節，奉[三]詔令參謀。鑾輿駐鳳翔，同谷爲咽喉。西扼弱水道[一]，南鎮枹罕陬[二]。此邦承平日，剽劫吏所羞。況乃胡未滅，控帶莽悠悠。府中韋使君，道足示懷柔。令侄才俊茂，二美又何求？受詞太白脚[三]，走馬仇池頭[四]。古色沙土裂，積雪陰雲稠[四]。羌父豪猪靴，羌兒青兕裘。吹角響月窟，蒼山旌旆愁。鳥驚出死樹，龍怒拔老湫。古來無人境，今代橫戈矛。傷哉文儒士，憤激馳林邱[五]。中原正格鬥，後會何緣由。百年賦命定，豈料沉與浮。且復戀良友，握手步道周。論兵遠壑净[六]，亦可縱冥搜。題詩得秀句，札翰時相投。

（一）弱水，《寰宇記》：自甘州删丹縣界，流入張掖縣北。浦云：『時武威有九姓商之叛，東南去同谷爲近。』

（二）枹罕，今甘肅河州，其西連青海。枹，音孚。

（三）太白山名，《元和志》：鳳翔府郿縣，太白山，在縣東南五十里。

（四）仇池，在成縣西，一名瞿堆，又名百頃山。沈約云：『仇池地方百里，四面斗絶，上豐水泉，煮土成鹽。』

此詩以交情作起結，中間首贊評事之爲人，次述同谷之形要，次狀邊土之情景，無不淋漓盡致。兹録送别詩凡四章，不惟無一行送行套語，而起結處，各有意議，無一複筆。

【校記】

[一]同谷：《杜工部集》作『同谷郡』。

[二]重：《杜工部集》《杜詩詳注》作『壯』。

[三]奉：《杜詩詳注》作『特』。

[四]積雪陰雲稠：《杜工部集》作『積陰雪雲稠』，《杜詩詳注》作『積陰雲雪稠』。

[五]邱：《杜工部集》《杜詩詳注》作『丘』。

[六]净：《杜詩詳注》作『静』。

得舍弟消息

風吹紫荆樹，色與春庭暮。花落辭故枝，風迴返故[一]處。骨肉恩義[二]重，飄[三]泊難相遇。猶有淚成行[四]，經天復東注。

劉須溪云：『苦心怨調。』按此詩義兼興比。

【校記】

[一]故：《杜工部集》《杜詩詳注》作『無』。

[二]義：《杜詩詳注》作『書』。

[三]飄：《杜工部集》作『漂』。

［四］行：《杜工部集》《杜詩詳注》作『河』。

北征

自鳳翔還鄜州，鄜在鳳翔東北。

皇帝二載秋，閏八月初吉。杜子將北征，蒼茫問家室。維時遭艱虞，朝野少暇日。顧慚恩私被，詔許歸蓬蓽。拜辭詣闕下，怵惕久未出。雖乏諫諍姿，恐君有遺失。君誠中興主，經緯固密勿。東胡反未已〔一〕，臣甫憤所切。揮涕戀行在，道途猶恍惚。乾[一]坤含瘡痍，憂虞何時畢。靡靡逾阡陌，人烟眇蕭索[二]。所遇多被傷，呻吟更流血。回首鳳翔縣〔二〕，旌旗晚明滅。前登寒山重，屢得飲馬窟。邠郊入地底，涇水中蕩潏〔三〕。猛虎立我前，蒼崖吼時裂。菊垂今秋花，石戴[三]古車轍。青雲動高興，幽事亦可悦。山果多瑣細，羅生雜橡栗。或紅如丹砂，或黑如點漆。雨露之所濡，甘苦齊結實。緬想[四]桃源内，益嘆身世拙。坡陀望鄜畤〔四〕，谷岩[五]互出没。我行已水濱，我僕猶木末。鴟鳥鳴黄桑，野鼠拱亂穴。夜深經戰場，寒月照白骨。潼關百萬師，往者散何卒。遂令半秦民，殘害爲異物。况我墮胡塵，及歸盡華髮。經年至茅屋，妻子衣百結。慟哭松聲迴[六]，悲泉共幽咽。平生所驕[七]兒，顔色白勝雪。見爺[八]背面啼，垢膩脚不襪。牀前兩小女，補綻[九]纔[十]過膝。海圖坼[十一]波濤，舊綉移曲折。天吴及紫鳳〔五〕，顛倒在裋褐。老夫情懷惡，嘔泄卧數日。一作數日卧嘔泄，以日字複韻。那無囊中帛，救汝寒凛[十二]慄。粉黛亦解包[十三]，衾裯稍羅列。瘦妻面復光，痴女頭自櫛。學母無不爲，曉妝隨手抹。移時施朱鉛，狼藉[十四]畫眉闊。生還對童稚，似欲忘飢[十五]渴。問事競挽鬚，誰忍[十六]即嗔[十七]喝。翻思在賊愁，甘受雜亂聒[十八]。新歸且慰意，生理焉得説。至尊尚蒙塵，幾日休練卒。仰看[十九]天色改，旁[二十]覺妖氛[二十一]豁。陰風西北來，慘澹隨回紇〔六〕[二十二]。其王願助順，其俗喜[二十三]馳突。送兵五千人，驅馬一萬匹。此輩少爲貴，四方服勇決。所用皆鷹騰，破敵過箭疾。聖心頗虚佇，時議氣欲奪。伊洛指掌收，西京不足拔。官軍請深入，蓄鋭伺[二十四]俱發。此舉開青徐，旋瞻略恒碣。昊天積霜露，正氣有肅殺。禍轉亡胡歲，勢成禽[二十五]胡月。胡命豈[二十六]能久，皇綱未宜絶。憶昨狼狽初，事與古先别。奸臣竟菹醢，同惡隨蕩折[二十七]。不聞夏殷衰，中自誅褒[二十八]妲〔七〕。周漢獲再興，宣光果明哲。桓桓陳將軍，仗鉞奮忠烈。微爾人盡非，於今國猶活。淒涼大同殿，寂寞白獸闥〔八〕。都人望翠華，佳氣嚮金闕。園陵固有神，埽[二十九]灑數不缺。煌煌太宗業，樹立甚宏達。凡七十韻。

〔一〕東胡，謂安慶緒。
〔二〕時肅宗在鳳翔。
〔三〕邠郊，邠州之郊也。涇水之所經，由鳳翔赴鄜必經其地。
〔四〕《史記·秦本紀》：文公十年，初立鄜畤，用三牲。畤，諸市切，祭天之所。
〔五〕黄山谷云：天吴，水獸，見《山海經》。趙注：天吴，海圖所畫之物；紫鳳，所綉之物也。
〔六〕回紇，或作回鶻，非，至德宗時，始改號回鶻。
〔七〕胡任曰：褒姒，周幽王后也，夏殷宜作商周。浦注：應作妹妲。其説爲長。
〔八〕《三輔黄圖》：未央宫有白虎殿。蓋唐避景皇帝諱改名。

《北征》爲集中絶大文字。東坡以爲識君臣大體，忠義之氣，與秋色争高；元河南以爲具一代興亡，與風雅頌相表裏，二評盡之。如此大文，叙寫家室兒女情景，瑣碎如畫，此太史公得意處也。魏泰曰：『唐人咏馬嵬之事，世所稱者。』劉禹錫云：『官軍誅佞倖，天子捨妖姬。』白居易云：『六軍不發可奈何，宛轉蛾眉馬前死。』此乃言官軍背叛，逼迫明皇不得已而誅貴妃也。豈特不曉文章體裁，亦失事君之禮。老杜則云：『未聞夏殷衰，中自誅褒妲。』乃是明皇畏天悔禍，無預官軍也。《心解》則云：『元禮爲親軍主帥，縱兇鋒於帝前，無人臣禮，老杜既以誅褒妲權歸人主，復贊「桓桓」四語，反覺拖帶，不如盡隱其文爲快也。』

【校記】

[一]朝：《杜工部集》《杜詩詳注》作『乾』。
[二]眇蕭索：《杜工部集》《杜詩詳注》作『渺蕭瑟』。
[三]戴：《杜詩詳注》作『帶』。
[四]想：《杜工部集》《杜詩詳注》作『思』。
[五]谷岩：《杜工部集》《杜詩詳注》作『岩谷』。
[六]迴：《杜詩詳注》作『迴』。
[七]驕：《杜工部集》《杜詩詳注》作『嬌』。
[八]爺：《杜詩詳注》作『耶』。
[九]綻：《杜詩詳注》作『綴』。
[十]纔：《杜工部集》《杜詩詳注》作『才』。
[十一]拆：《杜工部集》《杜詩詳注》作『拆』。
[十二]凛：《杜工部集》作『懔』。
[十三]包：《杜工部集》《杜詩詳注》作『苞』。
[十四]藉：《杜工部集》《杜詩詳注》作『籍』。

[十五]飢：《杜詩詳注》作『饑』。
[十六]忍：《杜工部集》作『能』。
[十七]嗔：《杜詩詳注》作『瞋』。
[十八]聒：《杜工部集》作『聒』。
[十九]看：《杜工部集》《杜詩詳注》作『觀』。
[二十]旁：《杜工部集》《杜詩詳注》作『坐』。
[二十一]妖氛：《杜工部集》作『袄氣』。
[二十二]紇：《杜工部集》作『鶻』。
[二十三]喜：《杜工部集》《杜詩詳注》作『善』。
[二十四]伺：《杜工部集》《杜詩詳注》作『何』。
[二十五]禽：《杜工部集》《杜詩詳注》作『擒』。
[二十六]豈：《杜詩詳注》作『其』。
[二十七]折：《杜工部集》《杜詩詳注》作『析』。
[二十八]褒：《杜詩詳注》作『妹』。
[二十九]埽：《杜工部集》《杜詩詳注》作『掃』。

玉華宫

《唐志》：宫在坊州宜君縣之鳳皇谷。按坊州，治今鄜州中部縣。

溪迴松風長，蒼鼠竄古瓦。不知何王殿[一]，遺構絶壁下。陰房鬼火青，壞道哀湍瀉。萬籟真笙竽，秋色正瀟[二]灑。美人爲黄土，況乃粉黛假。當時侍金輿，故物獨石馬。憂來藉草坐，浩歌泪盈把。冉冉征途間，誰是長年者。

（一）宮，貞觀二十一年建，時已廢爲寺，故云『不知何王建』，亦爲本朝諱也。

《千家注評》：哀思苦語，轉換簡遠，有長篇餘韻，末更自傷，非意所及。梅聖俞云：『玉華宮，近有前秦苻堅墓，前有右溪，曰醽醁，蓋言溪色如酒色之碧也。』蔡夢弼曰：『美人言殉葬木俑也。公詩末意，蓋傷苻堅安在，美人已化爲黄土，是以憂來浩歌揮泪盈把，又自傷在征途間，豈能長久者乎。』按：此乃借故跡以寄其憑吊興衰，俯仰身世之感，以爲專傷苻堅而作，固矣。

【校記】

[一]瀟：《杜工部集》《杜詩詳注》作『蕭』。

九成宫

《唐志》：宫在鳳翔府麟游縣西五里，本隋仁壽宫，貞觀間修之以避暑，因改名。

蒼山入百里，崖斷如杵臼。曾宫憑風迥[一]，岌嶪土[二]囊口（一）。立神扶棟梁，鑿翠開户牖。其陽産靈芝，其陰宿牛斗。紛披長松樹[三]，揭蘗[四]怪石走（二）。哀猿啼一聲，客泪迸林藪。荒哉隋家帝，製此今頹朽。嚮使國不亡，焉爲巨唐有。雖無新增修，尚置官官[五]守（三）。巡非瑶水遥[六]，跡似[七]雕墻後。我行屬時危，仰望嗟嘆久。天王守太白，駐馬更搔首。

（一）《風賦》：盛怒於土囊之口。

（二）《靈光殿賦》，飛壁揭蘖，魚列切。

（三）守，狩同。

浦二田云：『《九成》《玉華》，用意各別。一爲隋代所建，故明誌來歷，有借秦爲喻之意；一爲國初所作，故不忍斥言，有《黍離》「行邁」之思。』仇滄柱云：『結處對故宫而念新君，有無限興亡之感。』按：以上二首，皆自鳳翔往鄜之作，途之所經，先《九成》而後《玉華》，宜照《心解》本，編《九成》於《玉華》之前。

【校記】

［一］迴：《杜詩詳注》作『迴』。

［二］土：《杜工部集》作『士』。

［三］樹：《杜工部集》《杜詩詳注》作『倒』。

［四］蘖：《杜工部集》《杜詩詳注》作『巘』。

［五］官：《杜工部集》作『居』。

［六］遥：《杜工部集》《杜詩詳注》作『遠』。

［七］似：《杜工部集》《杜詩詳注》作『是』。

羌村三首

《鄜州圖經》：鄜州治洛交縣。羌村，即洛交村墟也。

峥嶸赤雲西，日脚下平地。柴門鳥雀噪，歸客千里至。妻孥怪我在，驚定還拭泪。世亂遭飄蕩，生還偶然遂。鄰人滿墻頭，感嘆亦歔欷。夜闌更秉燭，相對如夢寐。

晚歲迫偷生，還家少歡趣。嬌兒不離膝，畏我復却去。憶昔好追凉，故繞池邊樹。蕭蕭北風勁，撫事增[一]百慮。賴知禾黍收，已覺糟床注。如今足斟酌，且用慰遲暮。

群鷄正亂叫，客至鷄鬥争。驅鷄上樹木，始聞叩柴荆。父老四五人，問我久遠行。手中各有攜，傾榼濁復清。苦[二]辭酒味薄，黍地無人耕。兵革既未息，兒童盡東征。請爲父老歌，艱難愧深情。歌罷仰天嘆，四座泪[三]縱横。

王遵岩曰：『一字一句，鏤出肺腸，而宛轉周至，躍然目前，又若尋常人所欲道者。此《國風》之義也。』首章寫生還情景，次章寫抵家情事，末章因父老之詞，以寄喪亂之感，總是一片真氣流行。

【校記】

[一]增：《杜工部集》《杜詩詳注》作『煎』。

[二]苦：《杜詩詳注》作『莫』。

[三]泪：《杜詩詳注》作『涕』。

新安吏　新安縣，今屬河南府。

客行新安道，喧呼聞點兵。借問新安吏，縣小更無丁。府帖昨夜下，次選中男行。中男絶短小，何以守王城[一]。肥男有母送，瘦男獨伶俜[二]。白水暮東流，青山猶哭聲。莫自使眼枯，收汝泪縱横。眼枯却[一]見骨，天地終無情。我軍取相州(三)，日夕望其平。豈意賊難料，歸軍星散營。就糧近故壘，練卒依舊京(四)。掘濠[二]不到水，牧馬役亦輕。况乃王師順，撫養甚分明。送行勿泣血，僕射如父兄(五)。

(一)唐東都，即周之王城。

(二)僔，普丁切。

(三)相州，今河南彰德府，唐鄴郡。時九節度師圍安慶緒於鄴，戰於安陽，師潰而南。

(四)舊京，即東都也。

(五)僕射，郭子儀也。

師氏古曰：『自《新安吏》至《無家别》，蓋記當時鄴師之敗，朝廷調撥急劇也。皆乾元二年，自東都回華州道途所經，感事而作。』此章爲下五章之弁，特以點兵提起，既述其苦，復慰其行，真風雅之遺音也。

【校記】

[一]却：《杜工部集》作『即』。

[二]濠：《杜工部集》《杜詩詳注》作『壕』。

潼關吏

關在華陰縣東，即《左傳》所云『桃林之塞』。特此關不審名起何時，始見於《三國志》。

士卒何草草，築城潼關道。大城鐵不如，小城萬丈餘。借問潼關吏，修關還備胡？要我下馬行，爲我指山隅。連雲列戰格，飛鳥不能逾。胡來但自守，豈復憂西都。丈人視要處，窄狹容單車。艱難奮長戟，萬古用一夫。哀哉桃林戰，百萬化爲魚。請囑防關將，愼勿學哥舒。

此相州官軍潰後，築關以爲預防之計，未懲哥舒翰事，以見此關所係之重也。黄鶴以爲此公歸京之作。《千家注》本獨編此詩於《留花門》以前，非是，但『三吏』詩俱係自東都返華之作，計途所經則《石壕》宜在《潼關》前。

石壕[一]吏

王應麟曰：『石壕，陝州陝縣之石壕鎮也。』按今省縣入州。

暮[二]投石壕村，有吏夜捉人。老翁逾墻走，老婦出門看[三]。《心解》本作『出看門』，不知老杜用古韻也。吏呼一何怒，婦啼一何苦。聽婦前致詞，三男鄴城戍。一男附書至，二男新戰死。存者且偷生，死者長已矣。室中更無人，惟有乳下孫。有孫母未去，出入無完裙。老嫗力雖衰，請從吏夜歸。急應河陽役(一)，猶得備晨炊。夜久語聲絶，如聞泣幽咽。天明登前途，獨與老翁别。

(一)相州軍潰，郭子儀斷河陽橋保東京，築南北兩城。按河陽橋跨大河，河北爲孟縣，唐阿陽縣，河南爲孟津縣，即古盟津也。

沈德潛曰：『古者有兄弟二人，始遣一人從軍，今盡役丁男，而並及婦女，民不堪命矣。』前云老翁逾墻走，後云獨與老翁别，則老婦已爲吏捉去矣。悲慘之情，從隱約中傳出。

【校記】

[一]濠：《杜詩詳注》作『壕』。下同。

[二]暮：《杜工部集》作『莫』。

[三]門看：《杜詩詳注》作『看門』。

新婚别

兔絲附蓬麻，引蔓故不長。嫁女與征夫，不如弃路旁[一]。結髮爲君妻[二]，席不暖君床。暮婚晨告别，無乃太匆忙。君行雖不遠，守邊赴河陽。妾身未分明，何以拜姑嫜（一）。父母養我時，日夜令我藏。生女有所歸，鷄狗亦得將。今君[三]往死地[四]，沉痛迫中腸。誓欲隨君去，形勢反蒼黄。勿爲新婚念，努力事戎行。婦人在軍中，兵氣恐不揚。自嗟貧家女，久致羅襦裳。羅襦不復施，對君洗紅妝。仰視百鳥飛，大小必雙翔。人事多錯迕，與君永相望。

（一）《漢書》：『廣川王爲幸姬陶望卿作歌：「背尊章，嫖以忽」。』師古曰：『尊章，舅姑也。』又陳琳詩『善事新姑嫜』，『姑嫜』字出此。王洙曰：『嫜，姑之夫也。』

真西山曰：『先王之政，新有婚者，期不役。此詩所怨，盡其常分，而能不忘乎禮義。』曲折纏綿，而家室離别之情，夫婦始終之義，盡在裏許，上薄風雅，何有漢魏。

【校記】

[一]旁：《杜詩詳注》作『傍』。

[二]君妻：《杜工部集》《杜詩詳注》『妻子』。

[三]今君：《杜工部集》《杜詩詳注》作『君今』。

[四]往死地：《杜詩詳注》作『生死地』。

垂老别

四郊未寧静，垂老不得安。子孫陣亡盡，焉用身獨完。投杖出門去，同行爲辛酸。幸有牙齒存，所悲骨髓乾。男兒既介胄，長揖别上官。老妻卧路啼，歲暮衣裳單。孰知是死别〔一〕，且復傷其寒。此去必不歸，還聞勸加餐。土門壁甚堅，杏園度亦難〔二〕。勢異鄴城下，縱死時猶寬。人生有離合，豈擇衰盛[一]端。憶昔少壯日，遲迴竟長嘆。萬國盡征戍，烽火被岡巒。積尸草木腥，流血川原丹。何鄉爲樂土，安敢尚盤桓。弃絶蓬室居，塌然摧肺肝。

（一）舊注：孰同熟。

（二）土門、杏園，應在河南，去河陽不遠。乾元元年十月，郭子儀引兵自杏園濟河，東至獲嘉是也。土門之名不一，直隸之井陘關，一名土門，於此無涉。蔡注：土門縣改名美原縣。按陝西富平縣，即故美原縣，亦於此不合也。

浦氏曰：『《垂老别》，行者之詞也。石濠之婦，以身脱其夫，垂老之翁，以憤捨其家，其爲苦則均也。』沈確士曰：『魏公子救趙，令獨子無兄弟者歸養，今子孫亡盡，垂老從戎，世事可睹矣。』

【校記】

[一]盛：《杜工部集》《杜詩詳注》作『老』。

無家别

寂寞天寳後，園廬但蒿藜。我里百餘家，世亂各東西。存者無消息，死者爲塵泥。賊[一]子因陣敗，歸來尋舊溪[二]。久行見空巷，日瘦氣慘悽。但對狐與狸，豎毛向[三]我啼。四鄰何所有，一二老寡妻。宿鳥戀本枝，安辭且窮栖。方春獨荷鋤，日暮還灌畦。縣吏知我至，召令習鼓鼙[四]。雖從本州役，内顧無所攜。近行止一身，遠去終轉迷。家鄉既蕩盡，遠近理亦齊。永痛長病母，五年委溝溪韻複。生我不得力，終身兩酸嘶。人生無家别，何以爲烝[五]黎。

『久行』四句，静夜讀之，森然有鬼氣。『近行』四句，一掩一抑，痛不可讀，因無家念及委溝溪之病母，情愈慘矣。文至此，真可驚風雨、泣鬼神。自六朝以來，樂府題，率多摹擬剽竊，子美獨以目擊時事，隨意立題，上愍國難，下痛民窮，脱盡前人窠臼，苕華黄草之哀，不是過也。《香山》《秦中吟》等作，亦得此意，然風骨不逮遠矣。

【校記】

[一]賊：《杜工部集》《杜詩詳注》作『賤』。

[二]溪：《杜詩詳注》作『蹊』。下同。
[三]向：《杜工部集》《杜詩詳注》作『怒』。
[四]鞾：《杜工部集》《杜詩詳注》作『鞸』。
[五]烝：《杜詩詳注》作『蒸』。

留花門

花門堡在回紇地，方時回紇留兵沙苑，故以爲題。

花[一]門天驕子(一)，飽肉氣勇決。高秋馬肥健，挾矢射漢月。自古以爲患，詩人厭薄伐。修德使其來，羈縻固不絶。胡爲傾國至，出入暗金闕(二)。中原有驅除，隱忍用此物。公主歌黄鵠，君王指白日。連雲屯左輔，百里見積雪(三)。長戟鳥休飛，哀笳曙幽咽。田家最恐懼，麥倒桑枝折。沙苑臨清渭，泉香草豐潔。渡河不用船，千騎常撇烈(四)。胡塵逾太行，雜種抵京室。花門既須留(五)，原野轉蕭瑟。

(一)《漢書·匈奴傳》：單于遺漢書：胡者，天之驕子也。
(二)乾元初，肅宗以幼女寧國公主，嫁回紇可汗。公故以漢公主嫁烏孫爲比。
(三)樓大防曰：回紇之人，衣冠皆白。公故以積雪擬之。
(四)《上林賦》：奔騰撇烈。一本作撇捩。
(五)按：花門，在居延海北，南至今甘州府千餘里。

黄鶴曰：《唐志》：甘州有花門山堡，東北千里，至回紇牙帳。言花門正指回紇也。時用朔方回紇諸兵，以討賊，既收長安，葉護奏以軍中馬少，請留其兵於沙苑，自歸取馬，還爲掃除范陽餘孽。沙苑在同州，同州爲京師近輔，故公詩云『連雲屯左輔』，而深言其農兵害也。按此事在乾元元年，《留花門》宜編《新安吏》前。

【校記】

［一］花：《杜工部集》作『北』。

貽阮隱居 名昉。以下秦州詩。

陳留風俗衰〔一〕，人物世不數。塞上得阮生〔二〕，迥繼先父祖。貧知静者性，白［一］益毛髮古。車馬入鄰家，蓬蒿翳環堵。清詩近道要，識子用心苦。尋我草徑微，褰裳踏寒雨。更議居遠村，避喧甘猛虎。足明箕潁客，榮貴如糞土。

〔一〕漢陳留郡，今河南開封府。

〔二〕阮氏之望，公詩云『陳劉阮瑀誰争長』，瑀即籍父也。

五六性情狀貌俱見，其人借公詩傳矣。

【校記】

［一］白：《杜工部集》作『自』。

遣興[一]

豐年孰云遲，甘澤不在早。耕田秋雨足，禾黍已映道。春苗九月交，顏色同日老。勸汝衡門士，勿悲尚枯槁。時來展才[二]力，先後無醜好。但訝鹿皮翁(一)，忘機對芳[三]草。

(一)鹿皮翁，事見《列仙傳》。

此睹秋禾之晚成，而悲賢士之晚遇者，遣興意在結句。

【校記】

[一]《杜工部集》題作《遣興三首》，此爲其三。

[二]才：《杜工部集》作「材」。

[三]芳：《杜詩詳注》作「芝」。

佳人

絶代有佳人，幽居在空谷。自云良家子，零落依草木。關中昔喪敗[一]，兄弟遭殺戮。官高何足論，不得收骨肉。世情惡衰歇，萬事隨轉燭。夫婿輕薄兒，新人美[二]如玉。合昏尚知時(一)，鴛鴦不獨宿。但見新人笑，那聞舊人哭。在山泉水清，出山泉水濁。侍婢賣珠還[三]，牽蘿補茅屋。摘花不插鬢[四]，采柏動盈掬。天寒翠袖薄，日暮倚修竹。

（一）《本草》：合歡即夜合也，一名合昏。《周處風土記》云：合昏，槿也。

劉須溪云：『似悲似訴，自言自誓，慷慨矜持，修潔端麗，畫所不能如，論所不能及也。』見疏而不能不怨者，情也，乃復以貞潔自矢，亦可云發乎情止乎禮義者矣。一起涵蓋全神，一結空盡色相。『在山』二句，仇注：喻意謂守正清而改節濁也。

【校記】

[一]敗：《杜詩詳注》作『亂』。

[二]美：《杜工部集》作『已』。

[三]還：《杜工部集》《杜詩詳注》作『回』。

[四]鬢：《杜工部集》《杜詩詳注》作『髮』。

夢李白二首[一]

白，隴西人，遷於蜀。其父爲任城尉，生白。蓋長齊魯之間，故杜少陵、元微之，皆云山東李白。

死別已吞聲，生別長[二]惻惻。江南瘴癘地，逐客無消息（一）。故人入我夢，明我常相憶。恐非平生魂，路遠不可測。魂來楓林[三]青，魂返關塞黑。今君[四]在羅網，何以有羽翼[五]。落月滿屋梁，猶疑照顏色。

水深波浪闊，無使蛟龍得。

浮雲終日行，游子久不至。三夜頻夢君，情親見君意。告歸常局促，苦道來不易。江湖多風波，舟楫恐失墜。出門搔白首，苦[七]負平生志。冠蓋滿京華，斯人獨憔悴。孰云網恢恢，將老身反累。千秋萬歲名〔二〕，寂寞身後事。

（一）趙次公曰：『白坐永王璘之事當誅，郭子儀請解官贖罪，詔長流夜郎，會赦還潯陽，復坐事下獄。』按唐潯陽郡，亦曰江州，今江西九江府。

（二）阮籍詩：『千秋萬歲後，榮名安所之。』

浦二田云：『人之相知，貴相知心，公當日文章契交，太白一人而已。』二事傳出形離精感心事，筆筆神來。前首云『明我常相憶』，故多作疑詞，次首云『情親見君意』，故若目睹。前閔其險遠，次憤其憔悴，皆血性鏤篆而成。前首『落月』二句，蔡絛《西清詩話》：『詞人狀太白風貌者多矣，俱不若少陵云「落月滿屋梁，猶疑照顏色」，此與太白傳神詩也。』楊用修非之，曰：『此所謂夢中猶言是，覺後精神尚未回也。詩本淺，宋人求之過深，反誤。次首結用嗣宗語，較慰藉語透過一層，悲憤之極。』吳山民曰：『子美《天末懷李白》云「應共冤魂語，投詩吊汨羅」，此云「無使蛟龍得」，又云「舟楫恐失墜」，後世遂有沉江騎鯨之説，皆因公詩附會耳。太白卒於李陽冰署，葬謝家青山，新舊史可考。』

【校記】

[一]《杜工部集》題作《夢李白二首》。

[二]長：《杜工部集》《杜詩詳注》作『常』。

[三]林：《杜工部集》作『葉』。

［四］今君：《杜工部集》《杜詩詳注》作『君今』。
［五］『今君』二句，《杜詩詳注》在『相憶』後。
［六］苦：《杜工部集》《杜詩詳注》作『若』。

有懷台州鄭十八司户

公自注：虔時坐污賊，貶台州司户。台州，今屬浙江。

天台隔三江（一），風浪無晨暮。鄭公縱得歸，老病不識路。昔如水上鷗，今爲［一］罝中兔。性命由他人，悲辛但狂顧。山鬼獨一脚，蝮蛇長如樹。號呼［二］傍孤城，歲月誰與度。從來禦魑魅，多爲才名誤。夫子嵇阮流，更被時俗誤［三］。海隅微小吏，眼暗髮垂素。黄帽映［四］青袍（二），非供折腰具。平生一杯酒，見我故人遇。相望無所成，乾坤莽迴［五］互。

（一）台州有天台山。三江，《注疏》韋昭曰：吴松江，錢塘江也。按三江之説不一，此必兼錢塘江而言。

（二）《隋禮儀志》：年七十以上，賜鳩杖黄帽。

公有《送鄭虔貶台州司户》云：『便與先生應永訣，九重泉路盡交期。』此詩起云：『鄭公縱得歸，老病不識路』，末云『相望無所成，乾坤莽迴互』，猶送之之意也。故通首悲摯如此，與夢太白詩相伯仲，足見公之篤於交游處。

【校記】

［一］爲：《杜工部集》作『如』。

［二］號呼：《杜工部集》《杜詩詳注》作『呼號』。
［三］誤：《杜工部集》《杜詩詳注》作『惡』。
［四］黄帽映：《杜詩詳注》作『鳩杖近』。
［五］迴：《杜詩詳注》作『回』。

萬丈潭（一）

原注：同谷縣作。乾元二年，公自秦州赴同谷，此其既至後作也。

青溪含［一］冥寞，神物有顯晦。龍依積水蟠，窟壓萬丈内。跼步凌垠堮，側身下烟靄。前臨洪濤寬，却立蒼石大。山危一徑盡，崖絶兩壁對。削成根虚無，倒影垂澹瀩（二）［二］。黑知［三］灣環［四］底，清見光炯碎。孤雲到［五］來深，飛鳥不在外。高蘿成帷幄，寒木疊［六］旌旆。遠川曲通流，嵌竇潛瀉［七］瀨。造幽無人境，發興自我輩。告歸遺恨多，將老斯游最。閉藏修鱗蟄，出入巨石礙。何當［八］炎［九］天過，快意風雨［十］會。

（一）《方輿勝覽》：萬丈潭，在同谷縣東南七里，俗傳有龍自潭飛出。
（二）澹瀩，一作淡瀩，猶澹淹也。水帶沙往來貌。

從潭有神物起手，中間刻畫奇境，幾於天鑱神鏤，結處即神物寄慨，映起手成章法。謝客山水，擅場今古，至公曠然一變，幽險怪特，突過前人。

【校記】

［一］含：《杜工部集》作『合』。
［二］瀨：《杜工部集》作『瀕』。
［三］知：《杜工部集》作『如』。
［四］環：《杜工部集》《杜詩詳注》作『澴』。
［五］到：《杜工部集》作『倒』。
［六］疊：《杜工部集》作『累』。
［七］瀉：《杜工部集》《杜詩詳注》作『泄』。
［八］當：《杜工部集》作『事』。
［九］炎：《杜工部集》作『暑』。
［十］雨：《杜詩詳注》作『雲』。

劍門（一）　乾元二年冬十二月，自同谷赴成都紀行。

惟天有設險，劍門天下壯。連山抱西南，石角皆北嚮。兩崖崇墉倚，刻畫城郭狀。一夫怒臨關，百萬未可傍。川岳儲精英，天府興寶藏［二］。珠玉走中原，岷峨氣悽愴。三皇五帝前，鷄犬各相放。後王尚柔遠，職貢道已喪。至今或作令英雄人，高視見霸王。併吞與割據，極力不相讓。吾將罪真宰，意欲鏟疊嶂。恐此復偶然，臨風默惆悵。

（一）《元和志》：劍州理普安縣，大劍山在縣北四十九里，亦曰梁山。姜維爲鄧艾所摧，還保劍門即此。趙注：『岷山在蜀都之西，青城山是也。峨山在成都之西南，峨眉山是也。遠人困於誅求，而悽愴之氣，見於岷峨，而民可知矣。』按：青城無岷山之名，漢立汶山郡，以山得名。《元和志》：汶山即岷也，在今茂州，非禹貢之岷山也。

此言蜀地險遠易守，恐懷柔失道，有竊據者出其間也。後果有劉闢逆命，王建、孟知祥叠據其地，恐此復偶然，公如逆睹之矣。『川岳』二句，照仇本增。

【校記】

[一]川岳儲精英，天府興寶藏：《杜工部集》《杜詩詳注》無此句。

鹿頭山

《唐志》：漢州德陽縣，有鹿頭山。按：山在縣北，上有關，曰鹿頭關，即唐高宗文擒劉闢處。

鹿頭何亭亭，是日慰飢[一]渴。連山西南斷，俯見千里豁。游子出京華，劍門不可越。及兹險阻盡，始喜原野闊。殊方昔三分，霸氣曾間發。天下今一家，雲端失雙闕(一)。悠然想楊[二]馬，繼起名硉兀。有文令人傷，何處埋爾骨！紆餘脂膏地，慘淡[三]豪俠窟。仗鉞非老臣，宣風豈專達。冀公柱石姿(二)，論道邦國活。斯人亦何幸，公鎮逾歲月。

(一)雙闕，謂劍門、鹿頭二關也。

(二)冀公，裴冕也。

前八句，連劍門説入，情見乎詞。以昔曾三分提起後半，蓋雖天下一家，有隱憂也。『揚馬』四句，固屬襯筆，亦寓吊古傷今之意。再用『紆餘』二語作轉關。末頌冀公，正欲其撫靖斯人也。『西蜀地形天下險，安危須仗出群才』，正同此意。仇氏云：『未幾，段子璋、徐知道、崔旰、楊子琳輩，果據險爲亂。』

【校記】

[一]飢：《杜工部集》作『饑』。

[二]楊：《杜工部集》《杜詩詳注》作『揚』。

[三]淡：《杜工部集》《杜詩詳注》作『澹』。

送韋諷上閬州從事[一]

閬州，今四川保寧府。

國步猶艱難，兵戈[二]未衰息。萬方哀嗷嗷，十載供軍食。庶官務割剥，不暇憂反側。誅求何多門，賢者貴爲德。韋生富春秋，洞徹[三]有清識。操持綱紀[四]地，喜見朱絲直。當令豪奪吏，自此無顔色。必若救瘡痍，先應去蟊賊。揮泪臨大江，高天意悽惻。行行樹嘉[五]政，慰我深相憶。

以韻語代忠告，言無枝葉。天下之亂，皆務割剥之小人致之，故簡拔廉吏，爲弭寇安民之首策。

【校記】

[一]從事：《杜工部集》《杜詩詳注》作『録事參軍』。

[二]戈：《杜工部集》《杜詩詳注》作「革」。
[三]徹：《杜工部集》《杜詩詳注》作「澈」。
[四]綱紀：《杜工部集》作「紀綱」。
[五]嘉：《杜工部集》《杜詩詳注》作「佳」。

病柏

有柏生崇岡，童童狀車蓋。偃蹇[一]一作蹷龍虎姿，主當風雲會。神明依正直，故老多再拜。豈知千年根，中路顔色壞。出非不得地，蟠據亦高大。歲寒忽無憑，日夜柯葉改。丹鳳領九雛（一），哀鳴翔其外。鴟鴞志意滿，將[二]子窟[三]一作穿穴内。客從何鄉來，佇立久吁怪。静求元精理（二），浩蕩難倚賴。

（一）《建康實録》：鳳將九雛，再見於豐城，衆鳥從之。
（二）《後漢書》：元精所生，王之佐臣。

以病柏喻賢士之失時，而因以自慨。客，公自謂也。至元精之理，亦難倚賴，惟有付之搔首，一嘆而已。

【校記】
[一]蹇：《杜工部集》作「蹷」。
[二]將：《杜工部集》《杜詩詳注》作「養」。

［三］窟：《杜工部集》《杜詩詳注》作『穿』。

病橘

群橘少生意，雖多亦奚爲。惜哉結實少［一］，酸澀如棠梨。剖之盡蠹蝕［二］，采掇爽其［三］宜。紛然不適口，豈止［四］存其皮。蕭蕭半死葉，未忍別故枝。元［五］冬霜雪積，况乃迴風吹。嘗聞蓬萊殿，羅列瀟湘姿（一）。此物歲不稔，玉食失光輝。寇盜尚憑陵，當君減膳時。汝病是天意，吾愁［六］罪有司。憶昔南海使，奔騰獻荔枝（二）［七］。百馬死山谷，到今耆舊悲。

（一）瀟湘有橘田、橘洲。

（二）漢和帝時，南海献龍眼荔枝，奔騰險阻，死者相繼。唐羌爲臨武長，上書罷之。見《和帝紀》元興元年。

此因病橘而傷貢獻之疲民也。時尚食或貴遠物，故托以爲諷。末用漢事以隱照貴妃嗜荔枝事，非刺也，欲以爲監也，不失詩人温厚和平之旨。

【校記】

［一］少：《杜工部集》《杜詩詳注》作『小』。

［二］蝕：《杜詩詳注》作『蝕』。

［三］其：《杜詩詳注》作『所』。

［四］止：《杜工部集》《杜詩詳注》作『祇』。
［五］元：《杜詩詳注》作『玄』。
［六］愁：《杜工部集》作『諗』。
［七］枝：《杜工部集》《杜詩詳注》作『支』。

枯椶 一名栟櫚。

蜀門多椶櫚，高者十八九。其皮割剥甚，雖衆亦易朽（一）。徒布如雲葉，青青［一］歲寒後。交横集斧斤，凋喪先蒲柳。傷時苦軍乏，一物官盡取。嗟爾江漢人（二），生成復何有。有同枯椶木，使我沉嘆久。死者即已休，生者何自守。啾啾黄雀啅［二］，側見寒蓬走。念爾形影乾，摧殘没藜莠。

（一）陳藏器曰：『其皮作繩，入水不爛。』
（二）嘉陵江，一名西漢水，自秦州南流入四川入江，非禹貢之漢水也。

此傷軍興誅求之繁，而嘆民生之將盡也。死者即已休，生者何自守，欲在上者聞之，爲窮黎少留餘地。

【校記】

［一］青：《杜工部集》作『黄』。
［二］啅：《杜詩詳注》作『啄』。

枯柟 同楠。

楩柟枯崢嶸，鄉黨皆莫記。不知幾百歲，慘慘無生意。上枝摩蒼[一]天，下根蟠厚地。巨圍雷霆拆，萬孔螻[二]蟻萃。凍雨落流膠，衝風奪佳氣。白鵠遂不來，天鷄爲愁思(一)。猶含棟梁姿[三]，無復霄漢志。良工古昔少，識者出涕泪。種榆水中央，成長何容易。截承金露盤，裊裊不自畏。

(一)《爾雅》：鶾，一名天鷄，赤羽之鳥也。

與《病柏》同慨，末以榆襯楠，竿頭更進。李西崖云：『病柏傷房、次律之詞。房爲中興名相，一旦竟爲賀蘭進明所壞。次律，融之子，再世秉鈞，故云「出非不得地」。』葉石林謂《枯楠》爲房琯作，意亦可通。細玩結處，似非專爲次律而言，大意謂播弃老成，委任非人。時房琯自禮部出晋州，張鎬再貶辰州司户。肅宗所相者，乃吕禋、苗晋卿之屬耳，所謂『截承金露盤，裊裊不自畏』也。

【校記】

[一]蒼：《杜工部集》作『皇』。

[二]螻：《杜工部集》《杜詩詳注》作『蟲』。

[三]姿：《杜工部集》《杜詩詳注》作『具』。

草堂

昔我去草堂，蠻夷塞成都。今我歸草堂，成都適無虞〔一〕。請陳初亂時，反覆乃須臾。大將赴朝廷，群小起異圖〔二〕。中宵斬白馬，盟插〔二〕氣已粗。西取邛南兵，北斷劍閣隅。布衣數十人，亦擁專城居。其勢不兩大，始聞蕃漢殊。西卒却倒戈，賊臣互相誅。焉知肘腋禍，自及梟獍徒。義士皆痛憤，紀綱亂相逾。一國實三公，萬人欲爲魚。唱和作威福，孰肯辨無辜。眼前列杻械，背後吹笙竽。談笑行殺戮，濺血滿長衢。到今用鉞地，風雨聞號呼。鬼妾與鬼馬〔三〕，色悲充爾娱。國家法令在，此又足驚吁。賤子且奔走，三年望東吴。弧矢暗江海，難爲游五湖。不忍竟捨此，復來薙榛蕪。入門四松在，步屧萬竹疏。舊犬喜我歸，低徊入衣裾。鄰里〔二〕喜我歸，沽酒攜胡蘆。大官喜我來，遣騎問所須。城郭喜我來，賓客隘村墟。天下尚未寧，健兒勝腐儒。飄颻風塵際，何地置老夫？於時見疣贅，骨髓幸未枯。飲啄愧殘生，食薇不敢餘。

〔一〕公送嚴武入朝，未幾徐知道反，公遂入梓州，往來梓、閬者三年。武再鎮蜀，公還成都。

〔二〕大將，謂武也； 群小，指徐知道輩也。 知道糾合蠻夷爲亂，賊徒中有將蕃兵者，知道領漢兵，欲脅蕃兵，以致羌兵不附，賊徒互争，知道爲其下李忠厚所殺。

〔三〕趙注： 已殺其主，故謂之鬼妾鬼馬，如匈奴以亡者之妻爲鬼妻也。

西川寇亂，即寄諸草堂去來之中，徐知道事《新舊書》俱未載，此其所以爲詩史也。

【校記】

[一]插：《杜工部集》《杜詩詳注》作『畝』。

[二]里：《杜工部集》作『舍』。

四松

四松初移時，大抵三尺强。别來忽三載[一]，離立如人長。會看根不拔，莫計枝凋傷。幽色幸秀發，疏柯亦昂藏。所插小藩籬，本亦有堤防。終然棖[二]撥損，得愧[三]千葉黄(一)。敢爲故林主，黎庶猶未康。避賊今始歸，春草滿空堂。覽物嘆衰謝，及兹慰凄凉。清風爲我起，灑面若微霜。足爲送老資[四]，聊待偃蓋張。我生無根蒂[五]，配爾亦茫茫。有情且賦詩，事跡兩可[六]忘。勿矜千載後，慘澹蟠穹蒼。

(一)棖撥，注：南人以觸撥爲棖。按根上堤防來，似宜作撑柱意解，言縱棖撥有損，猶能愧彼千葉之黄落也。

忽嘆忽慰，而其情實悲也。末作曠達語，乃透過一層以見意，公詩屢用此法，便蒼茫不盡。

【校記】

[一]載：《杜詩詳注》作『歲』。

［二］棖：《杜工部集》作『振』，《杜詩詳注》作『振』。

［三］愧：《杜工部集》《杜詩詳注》作『恡』。

［四］足爲送老資：《杜工部集》作『足以送老姿』。

［五］蒂：《杜工部集》作『帶』。

［六］兩可：《杜工部集》作『可兩』。

牽牛織女

牽牛出河西，織女處其東〔一〕。萬古常［一］相望，七夕誰見同。神光竟［二］難候，此事終蒙朧。颯然精靈合，何必秋遂逢［三］。亭亭新妝立，龍駕具層［四］空。世人亦爲爾，祈請走兒童。稱家隨豐儉，白屋達公宫。膳夫翊堂殿，鳴玉凄房櫳。曝衣遍天下〔二〕，曳月揚微風。蛛絲小人態，曲綴瓜果中〔三〕。初筵浥［五］重露，日出甘所終。嗟汝未嫁女，秉心鬱忡忡。防身動如律，竭力機杼工［六］。雖無舅姑［七］事，敢昧織作功。明明君臣契，咫尺或未容。義無弃禮法，恩始夫婦恭。小大有佳期，戒之在至公。方圓苟齟齬，丈夫多英雄。

〔一〕牽牛在河東，織女在河西，涉筆偶誤。《齊諧記》：『桂陽成武丁，有仙道。忽謂弟子曰：七月七日，織女當被河，吾被召。問何事渡河？曰：暫詣牽牛。』

〔二〕《四民月令》：七夕曝經書及衣裳。

〔三〕《荆楚歲時記》：七夕人家婦女，結翠縷穿七孔針，陳瓜果於庭以乞巧，有蟢子網於瓜上者，以爲得巧。

朱氏曰：此言夫婦之義，通於君臣，雖咫尺非佳期不合，苟弃禮失身，能不爲丈夫所賤耶。仇氏云：牛女渡河，説本荒誕，故以牛女無私會之事，興起男女無苟合之道也。或曰此托意進身之道，故感牛女事而賦之。末段朱子取入《女誡》。

【校記】

〔一〕常：《杜工部集》《杜詩詳注》作『永』。

〔二〕竟：《杜工部集》作『意』。

〔三〕逢：《杜工部集》作『通』。

〔四〕層：《杜工部集》作『曾』。

〔五〕浥：《杜詩詳注》作『裛』。

〔六〕工：《杜工部集》《杜詩詳注》作『中』。

〔七〕舅姑：《杜工部集》作『姑舅』。

驅豎子摘蒼耳

《詩經》注：卷耳，苓耳也。《廣雅》云：枲耳也。《本草》云：即今蒼耳。

江上秋已分，林中瘴猶劇。畦丁告勞苦，無以供日夕。蓬莠獨不焦，野蔬暗泉石。卷耳况療風，童兒且時摘。侵星驅之去，爛漫〔二〕任遠適。放筐亭午際，洗剥相蒙冪。登床半生熟，下箸還小益。加點瓜薤間，依稀橘奴跡〔一〕。亂世誅求急，黎民糠籺窄。飽食復〔三〕何心，荒哉膏粱客。富家厨肉臭，戰地骸骨白。寄語惡少年，黄金且休擲。

（一）《荆州記》[三]：李衡於武陵種甘橘千株，勅其子曰：『吾洲里千頭木奴，歲可得絹千匹。』

後半語似紆泛，而意實警切。

【校記】

[一]漫：《杜工部集》《杜詩詳注》作『熳』。

[二]復：《杜詩詳注》作『亦』。

[三]語出《三國志・吴書・孫休傳》裴松之注。《荆州記》當爲《襄陽記》。

種萵苣

有序[一]。

既雨已秋，堂下理小畦，隔種一兩席[二]萵苣，嚮二旬矣，而萵苣[三]不甲拆[四]，獨野[五]莧青青，傷時君子，或晚得微禄，轗軻不進，因作此詩。

陰陽一錯亂，驕蹇不復理。枯旱於[六]其中，炎方慘如毁。植物半蹉跎，嘉生將已矣。雲雷欻奔命，師伯集所使（一）。指揮[七]赤白日，澒洞青光起。青光一作雲色。雨聲先以[八]風，散足盡西靡。山泉落滄江，霹靂[九]猶在耳。終朝紆颯沓，信宿罷瀟灑（二）。堂下可以畦，呼童對經始。苣兮蔬之常，隨事蓺其子。破塊數席間，荷鋤功易止。兩旬不甲拆，空惜埋泥滓。野莧迷汝來，宗生實於此（三）。此輩豈無秋，亦蒙霜[十]露委。翻然出地速，滋蔓户庭毁。因知邪干正，掩抑至没齒。賢良雖得禄，守道不封己。擁塞敗芝蘭，衆多盛荆杞。中園陷蕭艾，老圃永爲耻。登於[十一]白玉盤，藉以如霞綺。莧也無所施，胡顔入筐篚。

（一）師伯，雨師風伯也。

（二）灑，叶洗。

（三）《吴都賦》：宗生高岡，族茂幽草。

《心解》評：當與《菁莪》《巷伯》諸詩併讀，人知好『前後出塞』『三吏』『三别』等篇，不知好此種，彼爲漢魏之後勁，此爲風雅之希聲也。兩句發議起，正喻兩關，通身全領，陰陽一錯，則驕者日驕，蹇者日蹇，造物直置之不理也。驕以比此輩，比干正，蹇以比嘉生，比賢良。末四句咏嘆雙收，苣也霞綺晦跡，莧也筐篚胡顔，所謂驕蹇錯亂以此，嘻笑怒罵，如聞太息之聲。

【校記】

［一］有：《杜工部集》《杜詩詳注》作『並』。

［二］席：《杜工部集》《杜詩詳注》作『席許』。

［三］萵苣：《杜工部集》《杜詩詳注》作『苣』。

［四］拆：《杜工部集》作『坼』。

［五］獨野：《杜工部集》作『伊人』。

［六］於：《杜工部集》《杜詩詳注》作『于』。

［七］揮：《杜工部集》作『魔』。

［八］以：《杜工部集》作『已』。

［九］靂霹：《杜工部集》《杜詩詳注》作『霹靂』。

［十］霜：《杜工部集》《杜詩詳注》作『寒』。

［十一］於：《杜工部集》作『于』。

雨

二首録次篇。

空山中宵陰，微冷先枕席。回風起清曙，萬象萋已[一]碧。落落出岫雲，渾渾倚天石。日假何道行，雨含長江白。連檣荆州船，有士荷戈[二]戟。南防草鎮慘(一)，沾濕赴遠役。群盗下辟山(二)，總戎備强敵。水深雲光廓，鳴艣[三]各有適。漁艇自[四]一作息悠悠，夷歌負樵客。留滯一老翁，書時記朝夕。

(一)草鎮，地名。

(二)《唐志》：渝州有壁山縣。《宋史》作辟山。渝州，今重慶府。

前四句追雨之魂，末自嘆留滯而不如漁艇之自適也。前首起句云『青山澹無姿』，亦妙絶。

【校記】

[一]已：《杜詩詳注》作『以』。

[二]戈：《杜工部集》作『矛』。

[三]艣：《杜工部集》作『櫓』，《杜詩詳注》作『艣』。

[四]自：《杜工部集》《杜詩詳注》作『息』。

楊監又出畫鷹十二扇

監，殿中監也。前有殿中楊監見示張旭草書圖。

近時馮紹正，能畫鷙鳥樣（一）。明公出此圖，無乃傳其狀。殊姿各獨立，清絶心有向。疾禁千里馬，氣敵萬人將。憶昔驪山宮，冬移含元仗（二）。天寒大羽獵，此物神俱王。當時無凡才[一]，百中皆用壯。粉墨形似間，識者一惆悵。干戈少暇日，真骨老崖嶂。爲君除狡兔，會是翻鞲上。

（一）《名畫記》：馮紹正，開元年爲户部侍郎，善畫鷹鶻鷄雉。

（二）含元殿，在大明宫後，外朝也。

公壯年題鷹馬諸詩，俱極雄偉，讀此知其壯心猶在。《津門詩話》注：申王有高麗赤鷹，岐王有北山黄鶻，上每校獵，必置於駕前，目爲决勝兒。恰可引作中間波瀾，與《韋諷録事宅觀曹將軍畫馬圖》末段，皆忠愛所流露也。

【校記】

[一]才：《杜工部集》《杜詩詳注》作『材』。

送殿中楊監赴蜀見相公

相公，杜鴻漸也。公時在夔州。

去水絶還波，泄雲無定姿（一）。人生在世間，聚散亦暫時。離别重相逢，偶然豈足[一]足，一作定期。送子清秋暮，風物長年悲。豪俊貴勛業，邦家頻出師。相公鎮梁益，軍事無孑遺。解榻再見今，用才復擇誰。況子已高位（二），爲郡得固辭。難拒供給費，慎哀漁奪私。干戈未甚息，紀綱[二]正所持。泛舟巨石横，登陸草露兹。山門居[三]易久[四]，當念居者思。

（一）鮑照詩「泄雲去不極」。仇注：雲之飄散者。

（二）《唐六典》：殿中省，監一人，從三品。

此與《送韋諷上閬州録事》，皆諄諄然以民生爲念，稷契中人，固應作爾語。

【校記】

[一]足：《杜工部集》作「定」。

[二]紀綱：《杜詩詳注》作「綱紀」。

[三]居：《杜工部集》《杜詩詳注》作「日」。

[四]久：《杜詩詳注》作「夕」。

送顧八分文學之[一]洪吉州（一）

洪，今江西南昌府；吉，今吉安府。

中郎石經後，八分蓋憔悴。顧侯運鑪錘，筆力破餘地。昔在開元中，韓蔡同贔屭（二）。元[二]宗妙其書，是以數子至。御札早流傳，揄揚非造次。三人並入直，恩澤各不二。顧與[三]韓蔡内，辨[四]眼工小字。分日侍[五]諸王，鈎深法更秘。文學與我游，蕭疏外聲利。追隨二十載，浩蕩長安醉。高歌卿相宅，文翰飛省寺。視我揚馬間，白首不相弃。驊騮入窮巷，必脱黄金轡。一論朋友難，遲暮敢失墜。古來事反覆，相見横涕泗。嚮者玉珂人，誰是青雲器。才盡傷形骸[六]，病渴污官位。故舊獨依然，時危話顛躋[七]。我甘多病老，子負憂世志。胡爲困衣食，顔色少稱遂。遠作辛苦行，順從衆多意。舟楫無根蒂，蛟鼉好爲祟。况兼水賊繁，特戒風飆駛。崩騰戎馬際，往往殺長吏。子干東諸侯[三]，勸勉防縱恣。邦以民爲本，魚飢[八]費香餌。請哀瘡痍深，告訴皇華使。使臣精所擇，進德知歷試。惻隱誅求情，固應賢愚異。列[九]士惡苟得，俊杰思自致。贈子猛虎行，出郊載酸鼻。

（一）《歐陽文忠集古録》：唐吕諲表，顧戒奢八分書。餘謫夷陵，過荊南，見此碑。

（二）韓名擇木，蔡名有鄰。

（三）公時在荊州，洪吉在荊州之東。

此詩一氣揮灑，浦二田所謂不以前後映帶爲工者。然細按之，文分四段。首段從八分説入，已寓第三段盛衰之感。次段以『外聲利』三字作眼，不獨括本段交情，已陰埋末段之根也。第三段以『憂世志』三字，提動末段議論。末段正告以所當憂處，結二句以感慨收入『送』字，灰蛇草綫，正自可尋。

【校記】

［一］之：《杜工部集》《杜詩詳注》作『適』。

〔二〕元：《杜詩詳注》作「玄」。

〔三〕與：《杜詩詳注》作「於」，《杜工部集》作「于」。

〔四〕辨：《杜詩詳注》作「辯」。

〔五〕侍：《杜工部集》作「示」。

〔六〕骸：《杜工部集》作「體」。

〔七〕躋：《杜工部集》作「躋」。

〔八〕飢：《杜工部集》《杜詩詳注》作「饑」。

〔九〕列：《杜工部集》作「列」。

客從

客從南溟來，遺我泉客珠〔一〕。珠中有隱字，欲辨不成書。緘之篋笥久，以俟公家須。開示〔二〕化爲血，哀今徵斂無。

〔一〕《述異記》：鮫人即泉先，一名泉客。

盧世㴶云：情酸味厚，歌短泣長，而一唱三嘆，藴藉優柔，三百篇十九首，上下同流。仇滄柱云：按史，大曆（校者按：許氏作「歷」，改之，下同）四年，遣御史税商錢，詩故托珠以諷，言徵斂之慘也。此傷民窮財盡之作，大東杼柚之哀，無此沉痛。

【校記】

〔一〕示：《杜工部集》《杜詩詳注》作「視」。

送重表侄王砅評事適〔一〕南海

砅，音傳，又音厲。時李勉爲嶺南節度觀察使。

我之曾祖〔二〕姑祖，一作老，爾之高祖母。爾祖未顯時，歸爲尚書婦（一）。隋朝大業末，房杜俱交友。長者來在門，荒年自餬口。家貧無供給，客位但箕帚。俄頃羞頗珍，寂寥人散後。入怪鬢髮空，吁嗟爲之久。自陳剪髻鬟，市鬻〔三〕充杯酒（二）。上云天下亂，宜與英俊厚。嚮竊窺數公，經綸亦俱有。次問最少年，虬髯十八九。子等成大名，皆自〔四〕此人手。下云風雲合，龍虎一吟吼。願展丈夫雄，得辭兒女醜。秦王時在坐，真氣驚户牖。及乎貞觀初，尚書踐台斗。夫人常肩輿，上殿稱萬壽。六宮師柔順，法則化妃后。至尊均叔嫂〔五〕，盛事垂不朽。鳳雛無凡毛，五色非爾曹（三）。往者胡作逆，乾坤沸嗷嗷。吾客左馮翊，爾家同遁逃。爭奪至徒步，塊獨委蓬蒿。逗留熱爾腸，十里却呼號。自下所騎馬，右持腰間刀。左牽紫游繮，飛走使我高。苟活到今日，寸心銘佩牢。亂離又聚散，宿昔恨滔滔。水花笑白首，春草亂〔六〕青袍。廷評近要津（四），節制收英髦。北驅漢陽傳，南泛上瀧舠。家聲肯墜地，利器當秋毫。番禺親賢領（五），籌運神功操。大夫出盧宋，寶貝休脂膏（六）。洞主降接武，海胡舶萬〔七〕艘。我欲就丹砂，跋涉覺身勞。安能陷糞土，有志乘鯨鰲。或驂鸞騰天，聊作鶴鳴皋。

（一）《尚書》：謂王珪也。

（二）剪髮易酒，乃陶士行母湛氏事，或前後事偶同與。

（三）非，猶言得非也。

（四）唐評事，屬大理，即漢廷尉平。

（五）番禺，廣州治，本二山名。李勉爲唐宗室，故曰親賢。《舊書》：大曆四年，勉除嶺南節度，番禺賊帥馮從道、桂林叛將朱濟時，阻洞爲亂，勉悉斬之。先時，西域舶泛海至者，纔四五，勉廉潔，都不撿閱。末年至者，四十餘，父老謂可繼宋璟、盧焕之後。

（六）漢孔奮清潔，身處脂膏，而未嘗自潤。

鍾氏惺曰：『前段止叙中表戚耳，忽具一部開國大掌故。「往者」以下，叙亂離相依，僕馬瑣恙之事，幾無端委轉折可尋，胸中潦倒，筆下淋漓，非獨詩法之奇，即作奇文讀可也。』末段因嶺南出丹砂，故以欲往從之，作送别之結，非泛設也。《洪容齋隨筆》云：『《蔡絛詩話》引《唐列女傳》：「珪母盧氏，識房、杜必貴」。』《桐江詩話》：『不特不姓盧，乃珪之妻杜，非母也。』按《唐列女傳》，元無此事，珪傳末，祇云『始隱居時，與房元（校者按：此處避諱，應爲玄）齡、杜如晦善，二人過其家，母李窺之，知其必貴。』蔡説妄云有傳，又誤李爲盧，皆不足辨。但高祖在位日，珪爲太子中允，説建成取功名，以鎮服海内。迨楊文幹之事起，高祖責以兄弟不睦，歸罪珪等，而流之。太宗即位，始召用之，珪與太宗，非素交明矣。《唐書》載李氏事，亦來之小説，恐未必然，而杜公稱其祖姑事，不應不實，且太宗時，宰相别無姓王者，不可解也。按詩人固多誇詞，然未有對其子孫，以無稽之詞，張大其先世者，况杜稱詩史，叙至戚之事，不應虚誕至此，或傳聞異詞耳。

【校記】

［一］適：《杜工部集》《杜詩詳注》作『使』。

［二］祖：《杜詩詳注》作『老』。

［三］市鬻：《杜工部集》作『鬻市』。

［四］自：《杜工部集》《杜詩詳注》作『因』。

［五］叔嫂：《杜詩詳注》作『嫂叔』。

［六］亂：《杜工部集》《杜詩詳注》作『隨』。

［七］萬：《杜工部集》《杜詩詳注》作『千』。

望岳

南岳也。

南岳配朱鳥，秩禮自百王。欻吸領地靈，澒［一］洞半炎方。邦家用祀典，在德非馨香。巡狩［二］何寂寥，有虞今則亡。洎吾隘世網，行邁越瀟湘。渴日繞［三］壁出，漾舟清光旁。祝融五峰尊，峰峰次低昂。紫蓋獨不朝，争長嶫相望。恭聞魏夫人（一），群仙夾翱翔。有時五峰氣（二），散風如飛霜。牽迫限修途，未暇杖崇岡。歸來覬命駕，沐浴休玉堂。三嘆問府主，何［四］以贊我皇。牲璧忍衰俗，神其思降祥。

（一）夫人，晉魏舒之女。

（二）五峰，祝融、紫蓋、天柱、石廩、芙蓉。

典重肅穆，如《詩》之有頌也。前以明德惟馨，正義領起，末云『何以贊我皇』，又特申其忠君愛國之思焉。

【校記】

［一］澒：《杜工部集》作『鴻』。

［二］狩：《杜工部集》作『守』。

［三］纔：《杜工部集》《杜詩詳注》作『絶』。
［四］何：《杜詩詳注》作『曷』。

題衡山縣文宣王廟新學堂呈陸宰（一）

旄頭彗紫微（二），無復俎豆事。金甲相排蕩，青衿一憔悴。嗚呼已十年，儒服敝於［一］地。征夫不遑息，學者淪素志。我行洞庭野，欻得文翁肆。侁侁胄子行，若舞風雩至。周室宜中興，孔門未應弃。是以資雅才，焕［二］然立新意。衡山雖小邑，首唱恢大義。因見縣尹心，根源舊宫閟。講堂非曩構，大厦［三］加塗墍。下可容百［四］人，墻宇［五］亦深邃。何必三千徒，始壓戎馬氣。材［六］木在庭户，密幹叠蒼翠。有井朱夏時，轆轤凍階戺（三）。耳聞讀書聲，殺伐灾仿佛（四）方末切。故國延歸望，衰顔減愁思。南紀改一作收波瀾，西河共風味。采詩倦跋涉，載筆尚可記。高歌激宇宙，凡百慎失墜。

（一）《唐書·禮樂志》：開元二十七年，謚孔子爲文宣王。
（二）旄頭，胡星也。《晋天文志》：昴爲旄頭。
（三）戺，鋤里切，砌也。
（四）仿佛，浦注：作希微將止之義解。

初用安史之亂陪起，愈見斯舉之可尚，末言此诗可備輶軒之采，欲在上者聞之，修舉廢墜，以致太平，意更宏遠，中間直以記體作韻語。浦云：邕容肅穆，居然閟宫清廟之音。王西樵云：此便可作修學記。余謂直是一篇昌黎碑版文字。

【校記】

［一］敝於：《杜工部集》作『弊于』。

［二］焕：《杜工部集》作『涣』。

［三］厦：《杜工部集》《杜詩詳注》作『屋』。

［四］百：《杜詩詳注》作『萬』。

［五］宇：《杜工部集》作『隅』。

［六］材：《杜工部集》《杜詩詳注》作『林』。

七古

兵車行

車轔轔，馬蕭蕭，行人弓箭各在腰。耶娘妻子走相送，塵埃不見咸陽橋。牽衣頓足攔[一]道哭，哭聲直上干雲霄。道旁[二]過者問行人，行人但云點行頻。或從十五北防河，便至四十西營田。去時里正與裹頭，歸來頭白還戍邊。邊庭[三]或作亭流血成海水，武皇開邊意未已。君不聞，漢家山東二百州(一)，千村萬落生荊杞。縱有健婦把鋤犁，禾生隴畝無東西。況復秦兵耐苦戰，被驅不異犬與鷄。長者雖有問，役夫敢伸恨？且如今年冬，未休關西卒。縣官急索租，租稅從何出？信知生男惡，反是生女好。生女猶得[四]嫁比鄰，生男埋没隨百草。君不見青海頭(二)，古來白骨無人收。新鬼煩冤舊鬼哭，天陰雨濕聲啾啾。

(一)山東，謂自關以東也。漢函谷關，制山東諸侯。

(二)青海，即《漢書》臨羌縣西北之鮮海。一名西海，一名卑禾海，在今西寧府西五百餘里，爲厄魯特、土爾古特、喀爾喀、回特四部駐牧之地。

師氏曰：此詩爲玄宗用兵吐蕃而作，托漢武以諷也。沈確士曰：以人哭起，以鬼哭結，照應在有意無意間，作法絶奇。此亦公之新樂府也，可以驚風雨，可以泣鬼神。按《隋·西域傳》，吐谷渾城，在青海西四十里，唐哥舒築神威軍於此，時有事吐蕃，即其地也。

【校記】

［一］欄：《草堂先生杜工部詩集》作『欄』。

［二］旁：《杜工部集》作『傍』。

［三］庭：《杜工部集》作『亭』。

［四］得：《草堂先生杜工部詩集》《杜工部集》《杜詩詳注》作『是』。

送孔巢父謝病歸游江東兼呈李白　巢父，字弱翁，冀州人。

巢父掉頭不肯住（一），東將入海隨烟霧。詩卷長留天地間，釣竿欲拂珊瑚樹。深山大澤龍蛇遠，春寒野陰風景暮。蓬萊玉［一］女迴［二］雲車玉，一作纖，指點虛無是征路是征，一作引歸。自是君身有仙骨，世人那得知其故。惜君祇欲苦死留，富貴何如草頭露。蔡侯静者意有餘，清夜置酒臨前［三］除。罷琴惆悵月照席，幾歲寄我空中書。南尋禹穴見李白（二），道甫問訊今何如。

（一）《唐書》：巢父少與韓準、李白、裴政、張叔明、陶沔隱居徂徠，號竹溪六逸。巢父有《徂徠集》。

（二）《史记·自序》：上會稽，登禹穴。張宴曰：禹巡狩至會稽而崩，因葬焉，上有禹穴。

讀之有飄然出世之想。此詩末數句，惟浦注得其意。『空中書』，異其得道見招，非止泛然通信，故云『幾歲』。問李白何如者，前此贈白詩，一則曰『拾瑶草』，再則曰『就丹砂』，至此其果有得乎？否也。亦非止平安套語，正與前贈孔意打成一片。『空中書』，蔡注謂雁傳書，毫無關會。按《梁高僧傳》：『史宗，不知何許人，常在廣陵白土埭。有一道士，取小兒至一山。山上人作書付小兒，令其捉杖飄然而去。至白土埭，史宗開書大驚曰：「汝那得蓬萊道人書耶？」」此所謂空中書也。再末二句，王漁洋已先浦解云：太白受籙於高天師，問其丹砂瑶草，其事何如，與中間仙骨句正相應。

【校記】

[一]玉：《杜工部集》《杜詩詳注》作『纖』。
[二]迴：《杜詩詳注》作『回』。
[三]前：鈔本無此字，據《杜工部集》《杜詩詳注》補。

高都護驄馬行

黄鶴曰：『按新舊史，高仙芝，開元末爲安西都護。舊注以爲高適，非也。』

安西都護胡青驄(一)，聲價欻然來嚮東。此馬臨陣久無敵，與人一心成大功。功成惠養隨所致，飄飄遠自流沙至。雄姿未受伏櫪恩，猛氣猶思戰場利。腕促蹄高如踣鐵，交河幾蹴曾冰裂。五花散作雲滿身，萬里方看汗流血。長安健[一]兒不敢騎，走過掣電傾城知。青絲絡頭爲君老，何由却出横門道(二)。

(一)《元和志》：『西州，本漢車師國之高昌壁也。貞觀十四年，列其地爲西州，並置安西都護府。』按：今曰闢展，在哈密西七百里，東至京師八千里，唐西州，顯慶中又移龜兹城，在今爲庫車，在闢展西。

(二)《三輔黄圖》：長安城北出西頭第一門，曰横門。程大昌《雍録》：自横门渡渭而西，是趨西域之路。横，讀曰光。

王士正云：此子美少作，無一句不精悍。余謂對末句讀，乃無一字不玲瓏也。按：史高仙芝爲安西副都護，天寶六載，平小勃律，八載，入朝。此馬乃经戰場而來，故曰：『與人一心成大功』。『雄姿』二句，寫其初至情致。末二句，即伏波馬革裹尸之意，寫馬而人在其中，豪壯之極。

【校記】

［一］健：《草堂先生杜工部詩集》《杜工部集》《杜詩詳注》作『壯』。

天育驃騎[一]歌

天育，廐名。歌上應有圖字。

吾聞天子之馬走千里，今之圖畫[二]無乃是。是何意態雄且杰，駿[三]尾蕭梢朔風起。毛爲緑縹兩耳黄，眼有紫焰雙瞳方。矯矯龍性合[四]變化，卓立天骨森開張。伊昔太僕張景順，監牧攻駒閲清峻（一）。遂令大奴字[五]天育（二），别養驥子憐神俊。當時四十萬匹馬，張公嘆其材盡下。故獨寫真傳世人，見之座右久更新。年多物化空形影，嗚呼健步何[六]由騁。如今豈無騕褭與驊騮（三），時無王良伯樂死即休。

（一）趙次公注：《唐志》：監牧之制，其官領以太僕。張景順，開元時人，爲監牧都副使。

（二）字者，養也，或作守。

（三）褭，音鳥。

浦氏云：畫爲張太僕所傳，去此且二十年矣。首從寫真作意，中述作畫之由，末即今昔有無寄慨，自是題舊畫體。顧炎午（校者按：午應爲武）謂：歸功景順，斥王毛仲（許注：王毛仲，領内外厩，與景順同事）爲大奴，得非竆語也。從天育生意思，從畫圖生感喟，自有變化出乎其間。

【校記】

[一]騎：《杜詩詳注》作「圖」。

[二]圖畫：《草堂先生杜工部詩集》《杜工部集》《杜詩詳注》作「畫圖」。

[三]駿：《草堂先生杜工部詩集》《杜工部集》作「駿」。

[四]合：《杜詩詳注》作「含」。

[五]字：《草堂先生杜工部詩集》《杜工部集》作「守」。

[六]何：《草堂先生杜工部詩集》《杜工部集》《杜詩詳注》作「無」。

麗人行

三月三日天氣新，長安水邊多麗人。態濃意遠淑且真，肌理細膩骨肉勻。綉羅衣裳照暮[一]春，蹙金孔雀銀麒麟。頭上何所有？翠微盍葉垂鬢脣。背後何所見？珠壓腰衱穩稱身(一)。就中雲幕椒房親，賜名大國虢與秦。紫駝之峰出翠釜，水精之盤行素鱗。犀箸厭飫久未下，鸞[二]刀縷切空紛綸。黄門飛鞚不動塵，御厨絡繹[三]送八珍。簫管[四]哀吟感鬼神，賓從雜遝實要津。後來鞍馬何逡巡，當軒下馬立[五]錦茵。楊花雪落覆白蘋，青鳥飛來[六]銜紅巾。炙手可熱勢一作世絶倫，慎莫近前丞相嗔(二)[七]。

(一)蔡注：盍葉，婦人鬓邊花，以翠羽鋪飾，其狀輕微也。腰衱，即今之裙带，綴珠其上，壓而不垂也。盍，烏合反。衱，居業反。按《爾雅》，袚謂之裾。蔡注似非。

(二一)丞相，楊國忠也。

陸時雍曰：言窮則盡，意褻則醜，一以雅道行之，故君子言有則也。李安溪云：歐陽文忠言《春秋》之義，痛之深則詞益隱，『子般卒』是也。詩人之義，刺之深則旨益微，『君子偕老』之詩是也。此詩實與『美目巧笑』『象揥縐絺』同旨。詩至老杜，乃可與風、雅代興耳。初從麗人寫入，『雲幕』句特標出椒房之戚，爲作詩主意，末又持以國忠作結。按《舊書》，國忠私於虢國，不避雄狐之誚，聯鑣方駕，不施帷幕，故云『近前丞相嗔』也。『楊花』句，多引胡太后楊白花作解，卒不可通，蓋即暮春景色，點綴作隱語，亦詩人比興之義也，而淫佚之態，隱然言外，是謂雅音。

【校記】

[一]暮：《杜詩詳注》作『莫』。

[二]鸞：《草堂先生杜工部詩集》《杜工部集》作『鑾』。

[三]絡繹：《草堂先生杜工部詩集》作『絲絡』。

[四]管：《草堂先生杜工部詩集》《杜工部集》作『鼓』。

[五]立：《草堂先生杜工部詩集》《杜工部集》《杜詩詳注》作『入』。

[六]來：《杜工部集》《杜詩詳注》作『去』。

[七]嗔：《杜詩詳注》作『瞋』。

貧交行

翻手作雲覆手雨，紛紛輕薄何須數。君不見管鮑貧時交，此道今人弃如土。

白絲行

繰絲須長不須白，越羅蜀錦金粟尺（一）。象床玉手亂殷紅，萬草千花動凝碧。已悲素質隨時染，裂下鳴機色相射。美人細意熨貼[一]平，裁縫滅盡針綫跡。春天衣著爲君舞，蛺蝶飛來黄鸝語。落絮游絲亦有情，隨風照日宜輕舉宜，一作疑。香汗清[二]塵污顔色，開新合故置何許。君不見才一作志士汲引難，恐懼弃捐忍羈旅。

（一）金粟尺，浦云：當是尺上分寸之星。

舊評：此詩用郭泰機之言而反之。泰機以白絲寒女自況，而致撼於衣工之見弃，以冀傅咸之薦。此言白絲素質，隨時染裂，有香汗輕塵之污，開新合故之置，所以深思汲引之難，而忍羈旅也。讀此詩可以見少陵志節。

【校記】

[一]貼：《草堂先生杜工部詩集》《杜工部集》作「帖」。

[二]清：《草堂先生杜工部詩集》《杜工部集》作『輕』。

渼陂行

《元和志》：京兆府鄠縣，鄠縣（校者按：鄠縣疑爲衍字）、美陂在縣西五里，周回十四里。按鄠縣在西安府西南六十里。

岑參兄弟皆好奇〔一〕，攜我遠來游渼陂。天地黤慘忽異色，波濤萬頃堆琉璃。琉璃汗漫泛舟入，事殊興極憂思〔二〕集。鼉作鯨吞不復知，惡風白浪何嗟及。主人錦帆相爲開，舟子喜甚無氛埃。鳧鷖散亂棹歌〔二〕發，絲管啁啾空翠來。沉竿續縵〔三〕一作蔓深莫測，菱葉荷花净〔四〕如拭。宛在中流渤澥清，下歸無極一作下臨無地終南黑。半陂以〔五〕南純浸山，動影裊窕〔六〕冲融間。船舷暝戛雲際寺〔二〕，水面月出藍田關。此時驪龍亦吐珠，馮夷擊鼓群龍趨〔七〕。湘妃漢女出歌舞，金支翠旗光有無。咫尺但愁雷雨至，蒼茫不曉神靈意。少壯幾時奈老何，嚮來哀樂何其多。

（一）岑參，南陽人，天寶間進士，官至嘉州刺史。

（二）《長安志》：雲際山，大定寺，在鄠縣東南。

朱長孺云：『始而風雲變色，波浪堪憂，既而開霽放舟，冲融裊窕，終而神靈冥接，雷雨蒼茫。祇一游陂時，情境迭異如此，况自少至老，哀樂之感，何可勝窮。此孔子之所以嘆逝川，莊生之所以悲藏舟也。』泛舟之景，寫出險夷兩層，即伏結句哀樂之根。『月出』以下，又幻出歌舞雷雨兩層，映前段以逼末句，淋漓變化，不可端倪。沈歸愚祇歡其以好奇領起、以哀樂結束爲奇詭，猶未拈出其匠心結構之妙也。

【校記】

[一]忽：《草堂先生杜工部集》《杜工部集》《杜詩詳注》作『思』。
[二]歌：《草堂先生杜工部集》《杜工部集》《杜詩詳注》作『謳』。
[三]縵：《草堂先生杜工部集》《杜工部集》作『蔓』。
[四]净：《草堂先生杜工部集》《杜工部集》作『静』。
[五]以：《草堂先生杜工部集》《杜工部集》作『已』。
[六]窈：《草堂先生杜工部集》《杜工部集》《杜詩詳注》作『窕』。
[七]趨：《草堂先生杜工部集》作『趣』。

醉時歌

公自注：贈廣文館博士鄭虔。

諸公衮衮登臺省（一），廣文先生官獨冷（二）。甲第紛紛厭粱肉（三），廣文先生飯不足。先生有道出羲皇，先生有才[一]過屈宋。德尊一代常坎坷，名垂萬古知何用。杜陵野客人更嗤，被褐短窄鬢如絲。日糴太倉五升米（四），時赴鄭老同襟期。得錢即相覓，沽酒不復疑。忘形到爾汝（五），痛飲真吾師。清夜沉沉動春酌，燈[二]前細雨檐花落。但覺高歌有鬼神，焉知餓死填溝壑。相如逸才親滌器，子雲識字終投閣。先生早賦歸去來，石田茅屋荒蒼苔。儒術於我何有哉，孔某[三]盜跖俱塵埃。不須聞此意慘[四]愴，生前相遇且銜杯。

（一）臺，謂御史臺；省謂三省，中書、尚書、門下也。
（二）《舊書》：天寶九載，國子監置廣文館。

（三）《漢書・高帝紀》：女子公主爲列侯食邑者，賜大第室；二千石徙之長安，受小第室。孟康曰：有甲乙次第，故曰第。

（四）《唐書》：天寶十二載，八月，霖雨米貴，出太倉米十萬減糶，故曰『日糴太倉五升米』也。

（五）禰衡與孔融，作爾汝交。

王嗣奭云：此詩屬不平之鳴，非真謂垂名無用，儒術可廢也，亦非真謂孔、跖齊觀，同尋醉鄉也。公述懷云『沉飲聊自遣，放歌破愁絶』，可移作此詩之解。悲慨淋漓，讀之欲把唾壺擊碎。

【校記】

[一]才：《草堂先生杜工部詩集》作『文』。

[二]燈：《草堂先生杜工部詩集》作『檐』。

[三]某：《草堂先生杜工部詩集》《杜詩詳注》作『丘』，《杜工部集》作小字『聖諱』。

[四]悽：《杜工部集》《杜詩詳注》作『慘』。

醉歌行

自注：别從侄勤落第歸。

陸機二十作文賦，汝更小[一]年能綴文。總[二]角草書又神速，世上兒子徒紛紛。驊騮作駒已汗血，鷙鳥舉翮連青雲。詞源倒傾[三]傾，一作流三峽水（一），筆陣獨埽[四]千人軍。祇今年纔十六七，射策君門期第一（二）。舊穿楊葉真自知，暫蹶霜蹄未爲失。偶然擢秀非難取，會是排風有毛質。汝身已已，一作即見唾成珠，汝伯何由髮如漆。春光潭[五]音澹沲[六]秦東亭，渚蒲牙[七]同芽白水荇青。風吹客衣日杲杲，樹攪離思花冥冥。酒盡沙頭雙玉瓶，衆賓皆[八]醉我獨醒。乃知貧賤別更苦，吞聲躑躅涕泪[九]零。

（一）三峽：按《水經注》，廣溪峽、巫峽、西陵峽。

（二）《漢書·蕭望之傳》：以射策甲科爲郎。師古曰：射策者，謂爲難問疑義，書之於策，量其大小，署爲甲乙之科，不使章顯，有欲射者，隨其所取而釋之。

劉須溪云：人有此情，寫得不濃至而止。浦二田云：以半老人送少年，以落魄人送下第，情致自爾纏綿曲折。

【校記】

[一]小：《杜詩詳注》作「少」。

[二]總：《草堂先生杜工部集》《杜工部集》《杜詩詳注》作「總」。

[三]傾：《草堂先生杜工部詩集》《杜詩詳注》作「流」。

[四]埽：《草堂先生杜工部詩集》《杜工部集》《杜詩詳注》作「掃」。

[五]潭：《杜工部集》作「淡」。

[六]沲：《杜詩詳注》作「沱」。沲同沱。

[七]牙：《杜工部集》作「芽」。

[八]皆：《草堂先生杜工部詩集》作「已」。

[九]泪：《草堂先生杜工部詩集》作「泣」。

秋雨嘆三首

雨中百草秋爛死，階下決明顏色鮮。著葉滿枝翠羽蓋，開花無數黃金錢。涼風蕭蕭吹汝急，恐汝後時難獨立。堂上書生空白頭，臨風三嗅馨香泣。

闌[一]風伏[二]雨秋紛紛（一），四海八荒同一雲。去馬來牛不復辨，濁涇清渭何當分。禾頭生耳黍穗黑（二），農夫田婦[三]一作父無消息。城中斗米换衾裯，相許寧論兩相直。

長安布衣誰比數，反鎖[四]衡門守環堵。老夫不出長蓬蒿，稚子無憂走風雨。雨聲颼颼催早寒，胡雁翅濕高飛難。秋來未曾見白日，泥污后土何時乾。

（一）趙注：闌珊之風，沉伏之雨，言風雨不已也。

（二）《朝野僉載》：諺曰：秋雨甲子，禾頭生耳。按天寶十三載，帝憂霖雨傷稼，國忠取禾之善者以獻，曰雨雖多不害稼。公詩之作，應在此時。

仇滄柱云：『此感秋雨而賦。時房琯上言水災，楊國忠使御史按之，故曰「恐汝後時難獨立」；國忠惡言災異，四方匿不以聞，故曰「農夫田父無消息」；帝以國事付宰相，國忠每事壅蔽，故曰「秋來未曾見白日」。各有諷刺，非泛然作也。』按『堂上書生』『長安布衣』，皆公自謂，故題曰『嘆』。

【校記】

［一］闌：《草堂先生杜工部詩集》作『蘭』。

［二］伏：《杜工部集》作『長』。

［三］婦：《草堂先生杜工部詩集》《杜詩詳注》作『父』。

［四］鎖：《草堂先生杜工部詩集》《杜工部集》作『鏁』。

魏將軍歌

將軍昔著從事衫（一），鐵馬馳突重兩銜。披［一］堅執鋭略西極，崑崙月窟東嶄岩。君門羽林萬猛士，惡若哮虎子所監。五年起家列霜戟，一日過海收風帆（二）。平生流輩徒蠢蠢，長安少年氣欲盡。魏侯骨聳精爽緊，華岳峰尖見秋隼。星纏寶校金盤陀（三），夜騎天駟超天河。欃［二］槍營［三］惑不敢動（四），翠蕤雲旓相蕩摩（五）。吾爲子起歌都護（六），酒闌插劍肝膽露。鈎陳蒼蒼元武暮［四］，萬歲千秋奉明主，臨江節士安足數。

（一）從事衫，仇注：戎衣也。

（二）海，青海也。

（三）舊箋：校，當作駮。顔延之《赭白馬賦》：寶駮星纏，注：駮，妝飾也，音駁。鮑照詩：『金銅飾盤陀，日照光蹀躞。』

（四）欃槍，妖星。槍，音棖。

（五）《子虚賦》注：葳蕤，羽毛貌。

（六）《古樂府》有《丁都護歌》，宋武帝歌：『都護北征去，前鋒無不平。』

其人必立功西垂而歸典宿衛者，故詩前後所言如此，末最以一心奉主，則非尋常之贈言矣。《心解》云：臨江節士，借用朱注《漢藝文志》，有《臨江王有愁思及節士歌》四篇。景帝既廢太子爲臨江王，後自殺，時人悲之爲作歌。其《愁思節士》無考，與臨江本各爲一事，宋陸厥乃作《臨江王節士歌》。庾信《哀江南賦》，又曰『臨江有愁思之歌』，皆相沿之誤，老杜亦襲用之耳。補注：鈎陳六星，在紫宫中，故天子殿前，亦有鈎陳，又北宫元武虚危，其南有衆星，曰羽林天軍。

【校記】

［一］披：《草堂先生杜工部詩集》《杜詩詳注》作『被』。

［二］欃：《杜工部集》作『攙』。

［三］熒：《杜工部集》《杜詩詳注》作『熒』。

［四］元武暮：《草堂先生杜工部詩集》作『風玄武』，《杜工部集》作『風元武』，《杜詩詳注》作『玄武暮』。

驄馬行

自注：太常梁卿敕賜馬也，李鄧公愛而有之，命甫製詩。

鄧公馬癖人共知［一］，初得花驄大宛種。夙昔傳聞思一見，牽來左右神皆竦。雄姿逸態何崷崒，顧影驕嘶自矜寵。隅目青熒夾鏡懸［二］，肉騣［一］碨礧連錢動［三］。朝來少［二］試華軒下，未覺千金滿高價。赤汗微生白雪毛，銀鞍却覆香羅帕。卿家舊賜［三］公有之［四］，天厩真龍此其亞。晝［五］洗須騰涇渭深，夕［六］趨可刷幽并夜。吾聞良驥老始成，此馬數年人更驚。豈有四蹄疾於［七］鳥，不與八駿俱先鳴。時俗造次那得致，雲霧晦冥方降精。近聞下詔喧都邑，肯使麒麟地上行。

（一）杜預謂王濟有馬癖。

（二）張衡《西京賦》：隅目高眶，注：隅目，謂目有角也。顔延之《赭白馬賦》：雙瞳夾鏡。

（三）肉騣，蔡注：肉突起磈礧然也。連錢，謂馬文點綴如連錢也。《東坡志林》：余在岐下，見秦州進一馬，騣如牛，頷下垂，毛生肉端。蕃人云：此肉騣馬也。

亦是禄山將反時作。洗涇渭而刷幽并，意蓋暗射禄山也。故後幅發議，眼光四射，一以激鄧公乘時奮起之思，一以表此馬有即日見功之會。曰「八駿先鳴」「近聞下詔」，總見功名不遠意。《心解》之説云爾，今從之。

【校記】

[一]駿：《杜工部集》作「駿」。

[二]少：《草堂先生杜工部詩集》《杜工部集》作「久」。

[三]賜：《草堂先生杜工部詩集》作「物」。

[四]有之：《草堂先生杜工部詩集》作「能取」，《杜工部集》《杜詩詳注》作「取之」。

[五]晝：《草堂先生杜工部詩集》《杜工部集》《杜詩詳注》作「晝」。

[六]夕：《草堂先生杜工部詩集》《杜工部集》作「朝」。

[七]於：《草堂先生杜工部詩集》作「如」，《杜工部集》作「于」。

沙苑行

《元和志》：同州理馮翊縣。沙苑在縣南十二里，東西八十里，南北三十里。周太祖爲相國，與高歡戰於沙苑，大破之。今以其地宜六畜，置沙苑監。

君不見，左輔白沙如白[一]水(一)，繚以周墻百餘里。龍媒昔是渥洼生(二)，汗血今猶[二]獻於此。苑中騋牝三千匹，豐草青青寒不死。食之豪健西域無，每歲攻駒冠邊鄙。王有虎臣司苑門，入門天廄皆雲屯。驌驦一骨獨當御，春秋二時歸至尊。內外馬數將盈億[三]，伏櫪在坰空大存。逸群絶足信殊杰，倜儻權奇難具論。纍纍塠阜藏奔突，往往陂[四]陀縱超越。角壯翻騰[五]或作同麋鹿游，浮深簸蕩黿鼉窟。泉出巨魚長比人(三)，丹砂作尾黄金鱗。豈知異物同精氣，雖未成龍亦有神。

(一)漢以京兆尹、左馮翊、右扶風爲三輔。同州即馮翊郡，故曰左輔。

(二)《漢書·武帝紀》：元鼎四年，馬生渥洼水中。按：李斐注：在敦煌界。今爲安西州敦煌縣。

(三)泉，即淵字，避高祖諱。

《沙苑行》爲禄山作也。末四句，言下凜然。《鏡詮》評：謂深嘆肅霜之爲龍媒，牽入禄山，殊屬穿鑿云云。如《鏡詮》説，此詩有何意味？

按：唐有四十八監，天寶十三載，以安禄山知總監事，禄山私選健馬，驅歸范陽。「王有虎臣」謂禄山也。玩詩意，爲禄山作，確乎無疑。

【校記】

[一]如白：《草堂先生杜工部詩集》作「白如」。

[二]猶：《草堂先生杜工部詩集》《杜工部集》《杜詩詳注》作「稱」。

[三]内外馬數將盈億：《草堂先生杜工部詩集》《杜工部集》作「至尊内外馬盈憶」。

[四]陂：《草堂先生杜工部詩集》《杜工部集》《杜詩詳注》作「坡」。

[五]騰：《草堂先生杜工部詩集》《杜工部集》作「同」。

奉先劉少府新畫山水障歌

奉先，見前注。黄希曰：劉爲奉先縣尉。

堂上不合生楓樹，怪底江山起烟霧。聞君掃却赤縣圖，乘興遣畫滄洲趣。畫師亦無數，好手不可遇。對此融心神。知君重毫素。豈但祁岳與鄭虔，筆跡遠過楊契丹（一）。得非元[一]圃裂，無乃瀟湘翻。悄然坐我天姥下（二），耳邊已似聞清猿。反思前夜風雨急，乃是蒲[二]城鬼神入。元氣淋漓障猶濕，真宰上訴天應泣。野亭春還雜花遠，漁翁暝踏孤舟立。滄浪水深青溟闊，欹岸側島秋毫末。不見湘妃鼓瑟時，至今斑[三]竹臨江活。劉侯天機精，愛畫入骨髓。自有兩兒郎，揮灑亦莫比。大兒聰明到，能添老樹巔崖裏。小兒心孔開。貌得山僧及童子。若邪[四]溪，雲門寺（三）。吾獨胡爲在泥滓，青鞋布襪從此始。

（一）祁岳，見《畫録》。唐人楊契丹，爲隋參軍，畫法傳自楊素。

（二）天姥山，《元和志》《寰宇記》皆在剡縣南。剡，今紹興府嵊縣也，今山在新昌縣界。謝靈運詩云：「暝投剡山中，明登天姥岑。」

（三）《南史》：何允，字子季，隱居若邪溪雲門寺。《寰宇記》：若耶溪，在會稽南二十八里。

活脱自在，末因題畫而寄高隱之思，更有遠趣。詩自斗起後，文勢頗直，中間插入「反思」四語，便爾龍跳虎卧。

【校記】

[一]元：《草堂先生杜工部詩集》《杜詩詳注》作「玄」。此處爲避康熙玄燁諱。

[二]蒲：《草堂先生杜工部詩集》作「滿」。

［三］斑：《草堂先生杜工部詩集》作『班』。

［四］邪：《草堂先生杜工部詩集》作『耶』。

蘇端薛復筵簡薛華醉歌

舊編十五載春首，禄山已反，未陷潼關時。

文章有神交有道，端復得之名譽蚤［一］。愛客滿堂盡豪翰［二］一作杰，開筵上日思芳草。安得健步移遠梅，亂插繁花嚮晴昊。千里猶殘舊冰雪，百壺且試開懷抱。垂老惡聞戰鼓悲，急觴爲緩憂心搗。少年努力縱談笑，看我形容已枯槁。座［三］中薛華善一作能醉歌，歌辭自作風格老。近來海内爲長句，汝與山東李白好（一）。何劉沈謝力未工（二），才兼鮑照［四］愁絶倒。諸生頗盡新知樂，萬事終傷不自保。氣酣日落西風來，願吹野水添金杯。如澠之酒常快意，亦知［五］窮愁安在哉。忽憶雨時秋井塌（三），古人白骨生青苔，如何不飲令心哀。

（一）山東，一作東山，然太白生長魯、齊之間，故元微之《杜子美墓誌》，亦曰山東人李白也。

（二）何劉沈謝：何遜、劉孝綽、沈約、謝朓也。

（三）秋井：張綖《杜詩通》，謂是貴人之墓，如今言金井。

此與《醉時歌》末段，皆以醉鄉托意，但彼則以酒破其窮愁，此則以酒銷其憂鬱，用意固不同也。而悲壯淋漓，同爲興到之作則一。

【校記】

[一]蚤：《草堂先生杜工部詩集》《杜工部集》《杜詩詳注》作『早』。蚤同早。

[二]翰：《草堂先生杜工部詩集》《杜詩詳注》作『杰』。

[三]座：《杜工部集》作『坐』。

[四]照：《草堂先生杜工部詩集》《杜工部集》作『昭』。

[五]知：《杜工部集》作『如』。

悲陳陶

《方輿紀要》：陳陶斜，在咸陽縣東，其路斜出，故曰『斜』，房琯兵敗之所。

孟冬十郡良家子，化[一]作陳陶澤中水。野曠天清無戰聲，四萬義軍同日死。群胡歸來血[二]洗箭血，一作雪，仍唱夷[三]歌飲都市。都人迴面嚮北啼，日夜更望官軍至。

此悲輕進致敗也。按史，至德元載十月，房琯自請討賊，分軍爲三：南軍自宜壽入，中軍自武功入，北軍自奉天入。辛丑，中軍、北軍遇賊於陳陶斜，敗績。癸卯，琯自以南軍戰，又敗。琯將中軍，不能量敵而躁進，以致敗衄。公詩云『四萬義軍同日死』，痛之深矣。

【校記】

[一]化：《杜工部集》《杜詩詳注》作『血』。

[二]血：《杜詩詳注》作『雪』。

[三]夷：《杜工部集》作『胡』。

悲青坂

錢箋：房琯次師便橋，青坂去陳陶便橋，當不遠。

我軍青坂在東門，天寒飲馬太白窟〔一〕。黄頭奚兒日嚮西〔二〕，數騎彎[一]弓敢馳突。山雪河冰遠[二]蕭颼[三]，青是烽烟白人[四]骨。焉得[五]附書與我軍，忍待明年莫倉卒。

（一）太白山，一名太乙山，在武功西，琯中軍自武功入，故飲馬於此。

（二）室韋，黄頭奚部也。

此傷官軍復敗也。按史，琯欲持重有所伺，中人邢延恩等促戰，倉卒遂及於敗。前篇輕進致敗，失之東隅，猶可得之桑榆，故日夜望官軍至。此則鋭氣盡喪，難以振起，故云『忍待莫倉卒』，亦足見立言之有要矣。《唐六典》：關内道名山，曰『太白』。按：山去長安三百里，故俗云『武功太白，去天三百』。而蔡夢弼引《地理志》：『伊吾郡有太白山，青坂去太白凡五里。』按：伊吾郡，唐伊州，今之哈密；彼之太白，即天山也。以彼注此，豈非眯目而道黑白乎。

【校記】

[一]彎：《杜工部集》《杜詩詳注》作『彎』。

[二]遠：《杜工部集》作『野』，《杜詩詳注》作『晚』。

[三]颼：《杜詩詳注》作『瑟』。

[四]人：《杜詩詳注》作『是』。

［五］得：《杜工部集》作『能』。

哀王孫　宜編《悲陳陶》前。

長安城頭頭白烏，夜飛延秋門上呼（一）。又向人間［一］啄大屋，屋底達官走避胡。金鞭斷折［二］九馬死（二）。骨肉不待［三］同馳驅。腰下寶玦青珊瑚，可憐王孫泣路隅。問之不肯道姓名，但道困苦乞爲奴。已經百日竄荊棘，身上無有完肌膚。高帝子孫盡隆準，龍種自與常人殊。豺狼在邑龍在野，王孫善保千金軀。不敢長語臨交衢，且爲王孫立斯須。昨夜東風吹血腥，東來橐駝滿舊都。朔方健兒好身手，昔何勇鋭今何愚（三）。竊聞天子已傳位，聖德北服南單于。花門剺面請雪耻（四），慎勿出口他人狙（五）。哀哉王孫慎勿疏，五陵佳氣無時無（六）。

（一）延秋，京城之西門。

（二）《西京雜記》：文帝自代來，有良馬九，號九逸。按：潼關不守，明皇西幸，妃主王孫之在外者，皆委之而去。

（三）哥舒翰，將朔方兵拒賊，戰敗降賊。

（四）花門，即回紇。剺面以表哀憤。

（五）狙，如狙之伏伺也。《史記·留侯傳》：良與客狙。

（六）漢五陵：高帝長陵、文帝霸陵、景帝陽陵、武帝茂陵、宣帝杜陵。

錢箋：當時逆臣必有爲賊耳目，搜捕皇孫妃主以獻者。公作是詩，危之復戒之也。《唐詩鏡評》：深情苦語，一起借徑省叙事之煩。補

注：楊升庵云：《太平廣記》，梁侯景之亂，有白頭烏數千入建業。童謡云：白頭烏，入朱雀，還與吴。子美正用此事。按：唐自有五陵：高祖獻陵、太宗昭陵、高宗乾陵、中宗定陵、睿宗橋陵。

【校記】

[一]間：《杜工部集》《杜詩詳注》作「家」。

[二]斷折：《杜詩詳注》作「折斷」。

[三]待：《杜詩詳注》作「得」。

哀江頭

江謂曲江也。至德二載，公陷賊時作。

杜[一]陵野老吞聲哭，春日潛行曲江曲(一)。江頭宫殿鎖千門，細柳新蒲爲誰绿。憶昔霓旌下南苑(二)，苑中萬物生顔色。昭陽殿裏第一人，同輦隨君侍君側。輦前才人帶弓箭(三)，白馬嚼齧黄金勒。翻身向天仰射雲，一笑[二]一作箭正墜雙飛翼。明眸皓齒今何在？血污游魂歸不得。清渭東流劍閣深，去住彼此無消息。人生有情泪沾臆，江水[三]江花豈終極。黄昏胡騎塵滿城，欲往[四]城南忘一作望城[五]北。

(一)司馬温公曰：唐曲江，開元天寶中，旁有殿宇，安史亂後，其地盡廢。文宗覽子美詩，因建紫雲樓、落霞亭。

(二)南苑，即芙蓉苑也。

(三)《唐百官志》：內官才人七人，正四品。

蘇子由曰：『杜陷賊時，有《哀江頭》詩，予愛其詞氣如百金戰馬，注坡驀澗，如履平地，得詩人之遺法。如白樂天詩詞甚工，然拙於紀事，寸步不遺，猶恐失之，所以望老杜之藩垣而不及也。』按：黄門有言：『《哀江頭》即《長恨歌》也。《長恨歌》費數百言而成，杜則不然。』蓋謂杜芟薙蕪詞，情深筆老，故如駿馬下坡，而白則語瑣文靡，所謂拙於紀事也，起四詞哀劇黍離。

【校記】

[一]杜：《杜工部集》《杜詩詳注》作『少』。

[二]笑：《杜工部集》作『箭』。

[三]水：《杜詩詳注》作『草』。

[四]往：《杜工部集》作『住』。

[五]城：《杜工部集》作『南』。

瘦馬行

東郊瘦馬使我傷，骨骼硉兀如堵墻〔一〕。絆之欲動轉欹側，此豈有意仍騰驤。細看六印帶官字，衆道三軍遺路旁[一]。皮乾剥落雜泥滓，毛暗蕭條連雪霜。去歲奔波逐餘寇，驊騮不慣不得將〔二〕。士卒多騎内厩馬，惆悵恐是病乘黄。當時歷塊誤一蹶，委弃非汝能周防。見人慘澹若哀訴，失主錯莫無晶光。天寒遠放雁爲伴，日暮不收烏啄瘡。誰家且養願終惠，更試明年春草長。

〔一〕骼，音格。硉，郎兀切。硉兀，高貌。《江賦》：巨石硉矹。

（二一）驊騮句，言非慣戰之驊騮，不得與也。

師氏古曰：『此詩爲房琯作。琯喪師陳陶斜，罷相，出爲邠州刺史。時論多惜之，謂其可以用也。』劉須溪云：『展轉沉著，忠厚惻怛，感動千古。』興宗云：『此乾元元年，華州詩，公自傷貶官而作。』浦二田以華州在長安東，摘起句『東郊』字是其説，細玩詩意，卒不如師説爲長。

【校記】

［一］旁：《草堂先生杜工部詩集》作『傍』。

洗兵馬［一］

自注：收京後作。乾元二年，兩京俱復，九節度圍慶緒於鄴，公喜作此詩。

中興諸將收山東，捷書夜［二］報清晝同。河廣傳聞一葦過，胡危命在破竹中（一）。衹殘鄴城不日得（二），獨任朔方無限功（三）。京師皆騎汗血馬，回紇喂肉葡［三］萄宮。已喜皇威清海岱，常思仙仗過空同（四）［四］。三年笛裏關山月，萬國兵前草木風。成王功大心轉小（五），郭相深謀［五］古來少（六）。司徒清鑒懸明鏡（七），尚書氣與秋天杳（八）。二三豪俊爲時出，整頓乾坤濟時了。東走無復憶鱸魚，南飛覺有安巢鳥。青春復隨冠冕入，紫禁正耐烟花繞。鶴駕［六］通宵鳳輦備，鷄鳴問寢龍樓曉。攀龍附鳳勢莫當，天下盡化爲侯王。汝等豈知蒙帝力，時來不得誇身强。關中既留蕭丞相（九），幕下復用張子房（十）。張公一生江海客，身長九尺鬚眉蒼。徵起適遇風雲會，扶顛始知籌策良。青袍白馬更何有（十一），後漢今周喜再昌。寸地尺天皆入貢，奇祥異瑞争來送。不知何國致白環，復道諸山得銀甕。隱士休歌紫芝曲，詞人解撰河清頌（十二）。田家望望惜雨乾，布穀處處催春種。淇上健兒歸莫懶，城南思婦愁多夢。安得壯士挽天河，洗净[七]甲兵長不用(十三)。

(一)『河廣』句，謂河北也。時子儀破賊十万於衛州，遂圍安慶緒於鄴。

(二)殘，作餘字解。

(三)朔方，時子儀爲朔方節度使。

(四)空同，即崆峒，山名，在平凉縣西，一名岍頭山。肅宗自靈武趨長安，必由乎此。

(五)成王，廣平王俶封號。

(六)郭子儀進中書令。

(七)司徒，李光弼加檢校司徒。

(八)尚書，王思禮，遷兵部尚書。

(九)蕭丞相，《唐書》：『杜鴻漸，首建朔方興復之謀。肅宗喜曰：靈武吾關中，卿吾蕭何也。』蔡注：『京師既平，以蕭華留守，故比之蕭何。』二説皆可從。

(十)張子房，朱注：張鎬也。按史，是年鎬罷相，未得盡展其籌策也。史思明、許叔冀之叛，鎬先料及之，則比之子房，似亦無愧。

(十一)青袍白馬，點化侯景事。《哀江南賦》：青袍如草，白馬如練。

(十二)河清頌，歐陽文忠曰：宋文帝元嘉中，河濟俱清。鮑照作《河清頌》。趙次公曰：此紀實事也。至德三年七月，黄河三十里清如井水。

(十三)《説苑》：武王伐紂，風霽而乘以大雨。王曰：此洗兵雨也。

唐汝詢曰：『雄渾博大，可作唐雅。』按詩雖欣喜慰望之詞，然『已喜』四句，欲其常思艱危，所謂願君無忘在莒也。『鶴駕』二句，《錢箋》以爲譏刺，誠屬深文。然先是廣平立大功，張良娣忌而譖之，幾至動摇。明皇處亢龍之位，易啓嫌衅，故公詩云然，欲其無虧慈孝之道也。『攀龍附鳳』四語，言若輩皆不足倚任，惟在委用賢才，如郭相、張鎬等，始足再昌也。結四句，望速成大功以銷兵氣，蓋師老未有不潰，健兒歸莫懶。河上逍遥之歌，公或已慮及之，凡此皆深得詩人之義，豈特春容典雅而已哉。補注：葡萄宫，《漢書·匈奴傳》：元壽中，單于來朝，舍之於上林葡萄宫。蔡注：時回紇送兵五千助討賊，及師還，帝就葡萄宫宴勞之。蔡注：仙仗，謂玄宗儀仗，非玄宗幸蜀，空同豈其所經。鶴駕謂太子，用太子晋事。劉向《列仙傳》：王子喬，周靈王太子晋也。七月七日於緱氏山頭，乘白鶴而去。浦二田曰：此二句兼父子言之。或問鳳輦，天子所御，豈可移之太子；問寢，乃《文王世子》之文，何偏以此屬帝。余曰：此正須看得活相，蓋鶴駕既來，鳳輦亦備，父子相隨，以朝上皇之寢門，豈不休哉？此以走馬爲對仗，乃杜公長技，且文王世子之文，本屬帝王通用。觀《顔魯公請立放生池表》以問安視膳，對一日三朝云云，亦嘗以此頌帝矣。

【校記】

[一]馬：《杜詩詳注》作『行』。

[二]夜：《杜工部集》作『日』。

[三]葡：《杜詩詳注》作『蒲』。

[四]空同：《杜工部集》《杜詩詳注》作『崆峒』。

[五]深謀：《杜工部集》《杜詩詳注》作『謀深』。

[六]駕：《杜工部集》作『禁』。

[七]洗净：《杜工部集》作『净洗』。

乾元中寓居同谷縣作歌七首

有客有客字子美，白頭亂一作短髮垂過耳。歲拾橡栗隨狙公(一)，天寒日暮山谷裏。中原無書歸不得，手脚凍皴皮肉死。嗚呼一歌兮歌已哀，悲風爲我從天來。

長鑱長鑱白木柄，我生托子以爲命。黃精[一]無苗山雪盛(二)，短衣數挽不掩脛。此時與子空歸來，男呻女吟四壁静。嗚呼二歌兮歌始放，鄰[二]里爲我色惆悵。

有弟有弟在遠方，三人各瘦何人强(三)？生别展轉不相見，胡塵暗天道路長。前[三]飛駕鵝後鶖鶬(四)，安得送我置汝旁[四]。嗚呼三歌兮歌三發，汝歸何處收兄骨。

有妹有妹在鍾離(五)，良人早殁諸孤痴。長淮浪高蛟龍怒，十年不見來何時。扁舟欲往箭滿眼，杳杳南國多旌旗。嗚呼四歌兮歌四奏，林猿爲我啼清晝。

四山多風溪水急，寒雨颯颯枯樹濕。黃蒿古城雲不開，白狐跳浪[五]黃狐立。我生何[六]爲在窮谷，中夜起坐萬感集。嗚呼五歌兮歌正長，魂招不來歸故鄉。

南有龍兮在山湫，古木巃[七]嵸枝相樛。木葉黃落龍正蟄，蝮蛇東來水上游(六)。我行怪此安敢出，拔劍欲斬且復休。嗚呼六歌兮歌思遲，溪壑爲我迴春姿。

男兒生不成名身已老，三一作十年飢[八]走荒山道。長安卿相多少年，富貴應須致身早。山中儒生舊相識，但話夙[九]昔傷懷抱。嗚呼七歌兮悄終曲，仰視皇天白日速。

（一）《莊子·齊物論》『狙公賦芧』，謂畜狙之人也。狙，猿屬。

（二）黄精，一名黄獨，止飢。陳藏器曰：黄獨，遇霜雪，枯無苗。

（三）趙注：公四弟，穎、觀、豐、占，惟占從入蜀。

（四）駕鵝，大於雁。鶖，秃鶖也，鵚鶴類。此句不過連翩相逐之意，形己之孤。

（五）鍾離，唐濠州，今安徽鳳陽府。

（六）蝮蛇，毒蛇也。喻史孽寇逼也。龍在湫，浦云：喻君當厄運也。

浦評：首歌諸歌之總萃也，二歌悲生計也，三歌悲諸弟也，四歌悲寡妹也，五歌悲流寓也，六歌悲值亂也，七歌仍收到窮老作客之態，與首章呼應，兼取『九歌』『四愁』『十八拍』諸調，而變化出之，遂成杜氏創體，文文山嘗擬之。按：此亦即騷之遺也，詞意與宋玉《九辨》爲近。

【校記】

［一］精：《杜詩詳注》作『獨』。

［二］鄰：《草堂先生杜工部詩集》《杜詩詳注》作『間』。

［三］前：《草堂先生杜工部詩集》《杜工部集》《杜詩詳注》作『東』。

［四］旁：《草堂先生杜工部詩集》作『傍』。

［五］浪：《草堂先生杜工部詩集》《杜工部集》《杜詩詳注》作『梁』。

［六］何：《草堂先生杜工部詩集》作『胡』。

［七］籠：《草堂先生杜工部詩集》《杜工部集》作『寵』。

［八］飢：《杜工部集》作『饑』。

［九］夙：《草堂先生杜工部詩集》《杜詩詳注》作『宿』。

杜鵑行

君不見昔日蜀天子，化作[一]杜鵑似老烏。寄巢生子不自啄，群鳥至今與[二]哺雛(一)。雖同君臣有舊禮，骨肉滿眼身羈孤。業工竄伏深山[三]裏，四月五月偏號呼。其聲哀痛口流血，所訴何事常區區。爾豈摧殘始發憤，羞帶羽翮傷形愚。蒼天變化誰料得，萬事反覆何所無。萬事反覆何所無，豈憶當殿群臣趨。

(一)《博物志》：杜鵑生子，寄之他巢，群鳥爲飼之。

黄鶴曰：『上元元年七月，李輔國遷上皇於西内，高力士及舊宫人皆不得留，尋置如仙媛於歸州，出玉真公主於玉真觀。上皇不懌，寝成疾。』詩蓋謂此也。

【校記】

[一]作：《草堂先生杜工部詩集》《杜詩詳注》作『爲』。

[二]與：《草堂先生杜工部詩集》《杜詩詳注》作『爲』。

[三]山：《草堂先生杜工部詩集》《杜工部集》《杜詩詳注》作『樹』。

楠樹爲風雨所拔歌[一]

倚江楠樹草堂前，故[二]老相傳二百年。誅茅卜居總爲此，五月仿佛聞寒蟬。東南飄風動地至，江翻石走流雲氣。幹排雷雨猶力争，根斷泉源豈天意。滄波老樹性所愛，浦上童童一青蓋。野客頻留懼雪霜，行人不過聽竽籟。虎倒龍顛委荆[三]亦作榛棘，泪痕血點垂胸臆。我有新詩何處吟？草堂自此無顏色。

樹猶如此，人何以堪，兩兩寫照，聲傳紙外。

【校記】

[一]歌：《草堂先生杜工部詩集》《杜工部集》《杜詩詳注》作『嘆』。

[二]故：《杜詩詳注》作『古』。

[三]荆：《草堂先生杜工部詩集》《杜工部集》作『榛』。

茅屋爲秋風所破歌

八月秋高風怒號，卷我屋上三重茅。茅飛度[一]江灑江郊，高者掛罥長林梢(一)，下者飄轉沉堂[二]坳。南村群童欺我老無力，忍能對面爲盗賊，公然抱茅入竹去。脣焦口燥呼不得，歸來倚杖自嘆息。俄頃風定雲墨色，秋天漠漠嚮昏黑。布衾多年冷似鐵，驕[三]兒惡卧踏裏裂。床頭[四]屋漏無乾處，雨脚如麻未斷絶。

自經喪亂少睡眠，長夜沾濕何由徹〔二〕。安得廣厦千萬間，大庇天下寒士盡[五]歡顔，風雨不動安如山。嗚呼！何時眼前突兀見此屋，吾廬獨破受凍死亦足。

（一）罥，古犬切。

（二）仇注：徹，徹曉也。

《碧溪詩話》云：《孟子》七篇，論君與民者居半，其欲得君，蓋以安民也。觀杜陵詩云『窮年憂黎元，嘆息腸内熱』，又云『誰能叩君門，下令減征賦』，《寄柏學士》云『幾時高議排金門，長使蒼生有環堵』，《茅屋爲秋風所破歌》『吾廬獨破受凍死亦足』，而志在大庇天下寒士，其仁心廣大，異夫求一穴之螻蟻輩，真得孟子之所存矣。冑懷何等，此亦稷契中人語也。李空同、沈歸愚，皆盜用此意，數見不鮮矣。樂天詩『安得布裘長萬丈，與君都蓋洛陽城』，亦襲杜意也。雖皆係設言，而萬丈布裘，則斷無是理也。

【校記】

[一]度：《杜詩詳注》作『渡』。

[二]堂：《杜工部集》作『塘』。

[三]驕：《草堂先生杜工部詩集》《杜詩詳注》作『嬌』。

[四]床頭：《草堂先生杜工部詩集》《杜工部集》作『床床』。

[五]盡：《草堂先生杜工部詩集》《杜工部集》《杜詩詳注》作『俱』。

戲作花卿歌

成都猛將有花卿（一），學語小兒知姓名。用如快鶻風火生，見賊惟多身始輕。綿州副使著柘黄，我卿掃除即日平。子璋[一]髑髏血模糊，手提擲還崔大夫。李侯重有此節度，人道我卿絶代[二]無。既稱絶代[三]無，天子何不唤取守東[四]都。

（一）《舊唐書》：肅宗上元二年四月，梓州刺史段子璋反，襲東川節度使於綿州，自稱梁王。改元，成都尹崔光遠，率將花驚定，拔綿州，斬子璋。李奂領東川，以亂奔成都，及平復之鎮。

黄山谷曰：子美作花卿歌，雄壯激昂，讀之想見其人。王西樵云：花卿功罪不相掩，少陵亦雙管齊下。按：《唐書·高適傳》：花驚定恃勇，既誅子璋，大掠東蜀。西樵之評是也。

【校記】

[一]璋：《杜工部集》作『章』。

[二]代：《杜工部集》《杜詩詳注》作『世』。

[三]代：《草堂先生杜工部詩集》《杜工部集》《杜詩詳注》作『世』。

[四]東：《草堂先生杜工部詩集》《杜工部集》作『京』。

觀打魚歌

綿州江水之東津，魴魚潑潑[一]色勝銀。漁人漾舟沉大網，截江一擁數百鱗。衆魚常才盡弃却[二]，赤鯉騰出如有神。潛龍無聲老蛟怒，迴風颯颯吹沙塵。饔子左右揮霜刀，鱠飛金盤白雪高。徐州禿尾不足憶(一)，漢陰槎頭遠遁逃(二)。魴魚肥美知第一，既飽歡娱亦蕭瑟。君不見朝來割素鬐，咫尺波濤永相失。

(一)錢箋：《詩義疏》：鱮似魴而大頭，徐州謂之鱅，禿尾殆指此。

(二)《襄陽耆舊傳》：漢水中出鯿魚，常禁人采捕，以槎斷水，因謂槎頭縮項鯿。

此戒縱口腹貪殺也。既飽歡娱亦蕭瑟，何異大士説法。末二語又提動其惻隱之心，所謂食者之甘，不知餐者之苦也。題本咏魴，而插赤鯉於其間，遂爾離奇變化，幾令莫辨主客。

【校記】

[一]潑潑：《草堂先生杜工部詩集》《杜工部集》《杜詩詳注》作「鱍鱍」。

[二]弃却：《草堂先生杜工部詩集》《杜工部集》《杜詩詳注》作「却弃」。

再[一]觀打魚

滄[二]江漁子清晨集，設網提綱萬[三]魚急。能者操舟疾若風，撑突波濤挺叉[四]入。小魚脱漏不可紀[五]，半死半生猶戢戢。大魚傷損皆垂頭，屈强泥沙有時立(一)。東津觀魚已再來，主人罷鱠還傾杯。日暮蛟龍改窟穴，山根鱣鮪隨風[六]雷(二)。干戈兵革鬥未已[七]，鳳凰麒麟安在哉？吾徒胡爲縱此樂，暴殄天物聖所哀。

(一)屈，同倔。

(二)崔豹《古今注》：鯉之大者曰鱣，鱣之大者曰鮪。蔡注：張平子賦，王鮪岫居。蓋鮪居山澤間，故有山根風雷之句。王鮪，鮪之大者。

此承前章而推言之，以戒盡取之虐也。『干戈』二句，或解入時事非，此蓋比例語也。衰亂之時，麟鳳不至，正如盡取之虐，而鱣鮪遁跡也。較前章意更闊大。

【校記】

[一]再：《杜工部集》《杜詩詳注》作『又』。

[二]滄：《杜工部集》《杜詩詳注》作『蒼』。

[三]萬：《杜詩詳注》作『取』。

[四]叉：《杜詩詳注》作『又』。

［五］紀：《杜工部集》《杜詩詳注》作「記」。
［六］風：《杜工部集》作「雲」。
［七］干戈兵革門未已：《杜工部集》作「止」，《杜詩詳注》此句作「干戈格鬥尚無已」。

入奏行　贈西山檢察竇侍御（一）［一］

竇侍御，驥之子、鳳之雛。年未三十忠義俱，骨鯁絶代無。炯如一段［二］清冰出萬壑，置在迎風露寒［三］之玉壺。蔗漿歸厨金碗凍，洗滌煩熱足以寧君軀。政用疏通合典則，戚聯豪貴耽文儒。兵革未息人未蘇，天子亦念西南隅。吐蕃憑陵氣頗粗，竇氏檢察應時須。運糧繩橋壯士喜，斬木火井窮猿呼（二）。八州刺史思一戰，三城守邊却可圖（三）。此行入奏計未小，密奉聖旨恩宜殊。綉衣春當宵［四］漢立，彩服日向庭闈趨。省郎京尹必俯拾，江花未落還成都［五］。肯訪浣花老翁無？爲君酤［六］酒滿眼酤（四），與奴白飯馬青芻。

（一）黄鶴曰：考《新舊書》《會要》諸書，無檢察使。按當時或特因西山有亂，添置此官，猶云檢校觀察使耳。
（二）繩橋，《元和志》：在茂州汶川縣。火井，在邛州臨邛縣南一百里。
（三）蔡注：按《唐志》，劍南節度，西抗吐蕃，南撫蠻獠，都督松、維、恭、蓬、雅、黎、姚、悉八州，西山三城，謂姚、維、松也，皆當吐蕃之要衝。
（四）又注：蜀人酤酒，挈以竹筒，筒有穿繩眼，其沽酒者曰滿眼酤，言其滿迫筒眼也。

蔡氏曰：時吐蕃分三道入寇，欲取成都爲東府，竇公以御史出，檢察諸州軍儲器械。得以便宜入奏，公作是詩以贈之，是一篇昌黎贈送序。省郎京尹，《心解》注：京尹即謂成都尹。時成都號南京，祝其增秩來鎮也。舊解京尹含糊，便與下文不粘。

【校記】

［一］《草堂先生杜工部詩集》題作《入奏行》，《杜工部集》題作《贈西山檢察使竇侍御》，爲雙行小字。

［二］段：《杜詩詳注》作『叚』。

［三］露寒：《草堂先生杜工部詩集》作『寒露』。

［四］宵：《杜工部集》作『霄』。

［五］江花未落還成都：《杜工部集》《杜詩詳注》此句後有『江花未落還成都』句。

［六］酟：《草堂先生杜工部詩集》作『酣』。

陪王侍御同登東山最高頂宴姚通泉晚攜酒泛江（一）

姚公美政誰與儔，不減昔時陳太邱（二）［一］。邑中上官［二］有柱史（三），多暇日陪驄馬游。東山高頂羅珍羞，下顧城郭銷我憂。清江白日落欲盡，復攜美人登彩舟。笛聲憤怨哀中流，妙舞逶迤夜未休。燈前往往大魚出，聽曲低昂如有求（四）。三更風起寒浪涌，取樂歡［三］呼覺船重。滿空星河光破碎，四座賓客色不動。請公臨深莫相違，迴船罷酒上馬歸。人生歡會豈有極，無使霜露［四］沾人衣。

（一）通泉故城，在今潼川府射洪縣東南。

（二）陳實爲太邱長。

（三）老子爲柱下史，蓋借謂王侍御也。

（四）《荀子》：瓠巴鼓瑟，游魚出聽。

謝朓《月賦》：『月既没兮露已晞，歲方宴兮無與歸，佳期可以還，微霜沾人衣。』公點用其語，以戒好樂之荒，極風雅。

【校記】

[一]邱：《杜詩詳注》作『丘』。邱同丘。

[二]官：《杜工部集》《杜詩詳注》作『客』。

[三]歡：《杜工部集》作『喧』。

[四]露：《杜工部集》作『過』。

冬狩行

公自注：時梓州刺史章彝兼侍御史留後東川。

君不見東川節度兵馬雄，校獵亦似觀成功。夜發猛士三千人，清晨合圍步驟同。禽獸已斃十七八，殺聲落日迴蒼穹。幕前生致九青兕〔一〕，馲駝礨峗垂元[一]熊。東西南北百里間，仿佛蹴踏寒山空。有鳥曰[二]鸛鴿，力不能高飛逐走蓬。肉味不足登鼎俎，何[三]爲見羈虞羅中。春蒐冬狩侯得同[四]，使君五馬一馬驄。况今攝行大將權，號令頗有前賢風。飄然時危一老翁，十年厭見旌旗紅。喜君士卒甚整肅，爲我迴轡擒西戎。草中狐兔盡何益，天子不在咸陽宮。朝廷雖無幽王禍，得不哀痛塵再蒙〔二〕。嗚呼，得不哀痛塵再蒙！

〔一〕《楚辭》注：郭璞曰：『兕角，青色，重千斤。』

〔二〕趙注：昔明皇以禄山之亂蒙塵於蜀，今代宗以吐蕃之亂蒙塵於陝，故曰『塵再蒙』也。

趙次公曰：春蒐夏苗，秋獮冬狩，本天子之事，而諸侯同之，乃深譏章彝也。王洙曰：時代宗在陝，徵召天下兵，而程元振用事，媒孽大臣，皆疑懼不進，天下無一人應召者，故此詩末章，大有感激也。按題目自是書法，然公詩用意，却不在此，特謂其耽於游畋，而不恤國難也。初言兵威之雄，可以有爲；次言以此兵力，祇逞於草間之狐兔爲可惜；末以天子蒙塵，大聲疾呼，以警覺之其聲上徹九霄矣。

【校記】

[一]元：《草堂先生杜工部集》《杜工部集》《杜詩詳注》作『玄』。

[二]曰：《草堂先生杜工部詩集》《杜工部集》《杜詩詳注》作『名』。

[三]何：《草堂先生杜工部詩集》《杜詩詳注》作『胡』。

[四]同：《杜詩詳注》作『用』。

桃竹杖引　贈章留後[一]　或曰即靈壽杖。

江心蟠石生桃竹，滄[二]波噴浸尺度足。斬根削皮如紫玉，江妃水仙惜不得叶篤。梓潼[三]使君開一束，滿堂賓客皆嘆息叶肅。憐我老病贈兩莖，出入爪甲堅[四]有聲。老夫復欲東南征，乘濤鼓枻白帝城(一)。路幽必爲鬼神奪，拔[五]劍或與蛟龍爭。重爲告曰：杖兮杖兮，爾之生也甚正直，慎勿見水踴躍學變化爲龍。使我不得爾之扶持，滅跡於君山湖上之青峰。噫，風塵澒洞兮豺虎咬人，忽失雙杖兮吾將何[六]從。

(一)白帝城，在夔州，下峽入楚，路所必由。

朱鶴齡曰：此借杖規章留後也。以踊躍爲龍戒之，以忽失雙杖危之，微旨可見。

【校記】

［一］贈章留後：《草堂先生杜工部詩集》無此四字。

［二］滄：《草堂先生杜工部詩集》《杜工部集》《杜詩詳注》作『蒼』。

［三］潼：《杜工部集》作『橦』。

［四］堅：《草堂先生杜工部詩集》《杜工部集》《杜詩詳注》作『鏗』。

［五］拔：《草堂先生杜工部詩集》作『杖』。

［六］何：《草堂先生杜工部詩集》《杜詩詳注》作『曷』。

丹青引　贈曹將軍霸

《名畫記》：霸，曹髦之後。

將軍魏武之子孫，於今爲庶爲清門。英雄割據雖已矣，文采［一］風流今［二］尚存。學書初學衛夫人（一），但恨無過王右軍。丹青不知老將至，富貴於我如浮雲。開元之中常引見，承恩數上南薰殿（二）。凌烟功臣少顏色，將軍下筆開生面。良相頭上進賢冠，猛將腰間大羽箭。褒公鄂公毛髮動（三），英姿颯爽來［三］酣戰。先帝天［四］馬玉花驄，畫工如山貌不同。是日牽來赤墀下，迥立閶闔生長風。詔謂將軍拂絹素，意匠慘淡［五］經營中。須臾［六］九重真龍出，一洗萬古凡馬空。玉花却在御榻上，榻上庭前屹相向。至尊含笑催賜金，圉人太僕皆惆悵。弟子韓幹早入室，亦能畫馬窮殊相（四）。幹惟畫肉不畫骨，忍使驊騮氣凋喪。將軍盡［七］善蓋有神，偶［八］一作必逢佳士亦寫真。即今飄［九］泊干戈際，屢貌尋常行路人。途窮反遭俗眼白，世上未有如公貧。但看古來盛名下，終日坎壈纏其身。

（一）張懷瓘《書斷》：衛夫人，名鑠，字茂猗，汝陰太守李矩之妻。

（二）《長安志》：南内興慶宫内有南薰殿。

（三）褒公，段志元。鄂公，尉遲敬德。

（四）《名畫記》：幹，大梁人，善寫貌人物，尤工鞍馬。

首段開端二句即有雲泥之嘆，提明丹青專家。次段、末段寫畫人，中二段寫畫馬，於畫馬傳其技藝之神於畫人，以寄盛衰之感。結語推開，爲己身亦作窮途一慟。文則精深華妙，意則感慨淋漓，歌行之體，於此嘆觀止焉。

【校記】

［一］采：《草堂先生杜工部詩集》《杜工部集》作『彩』。

［二］今：《杜工部集》作『猶』。

［三］來：《杜詩詳注》作『猶』。

［四］天：《杜詩詳注》作『御』。

［五］淡：《草堂先生杜工部詩集》《杜詩詳注》作『澹』。

［六］須臾：《草堂先生杜工部詩集》《杜工部集》作『斯須』。

［七］盡：《杜工部集》《杜詩詳注》作『畫』。

［八］偶：《草堂先生杜工部詩集》《杜工部集》作『必』。

[九]飄：《草堂先生杜工部詩集》《杜詩詳注》作『漂』。

韋諷録事宅觀曹將軍畫馬圖[一]

黃注：諷爲閬州録事。

國初已來畫鞍馬，神妙獨數江都王(一)。將軍得名三十載，人間又見真乘黃。曾貌先帝照夜白，龍池十日飛霹靂。内府殷紅瑪瑙盤[二]，婕妤傳詔才人索(二)。碗[三]賜將軍拜舞歸，輕紈細綺相追飛一作隨。貴戚權門得筆跡，始覺屏障生光輝。昔日太宗拳毛騧(三)，近時郭家師[四]子花(四)。今之新圖有二馬，復令識者久嘆嗟。此皆騎戰[五]一敵萬，縞素漠漠開風沙。其餘七匹亦殊絶，迥若寒空動烟[六]雪。霜蹄蹴踏長楸間(五)，馬官[七]厮養森成列。可憐九馬争神駿，顧視清高氣深穩。借問苦心愛者誰，後有韋諷前支遁(六)。憶昔巡幸新豐宫(七)，翠華拂天來嚮東。騰驤磊落三萬匹，皆與此圖筋骨同。自從獻寶朝河宗(八)，無復射蛟江水中(九)。君不見金粟堆前松柏裏，龍媒去盡鳥呼風。

(一)《名畫記》：江都王緒，霍王元軌之子。
(二)《唐制》：内官婕妤、才人各九人。
(三)《金石録》：太宗六馬，拳毛騧，平劉黑闥時所乘。
(四)王洙曰：郭子儀收復京師，代宗以九花虬賜之，一名獅子驄。
(五)曹子建詩：『走馬長楸間』。
(六)支遁，即支道林。
(七)新豐宫，應即温泉宫，新豐今臨潼縣。

（八）《穆天子傳》：天子西巡至陽紆山，河伯馮夷之所居，是爲河宗。河伯乃與天子披圖視典，觀天下寶器。詩言『朝河宗』，蓋言河宗朝而獻寶也。

（九）射蛟，用漢武事。蔡注：穆王西征而歸，未幾上升，以比明皇今已升遐，無復幸驪山矣。明皇泰陵，在蒲城縣東北之金粟山。

張溍曰：杜詩咏物，必及時事，故能淋漓頓挫。沈確士曰：從畫馬説至真馬，因真馬説至天子巡幸，故君之思，拳拳不忘，筆墨尤極淋漓飛舞。首段從畫馬人説入，以貌先帝照夜白，證其技藝之工，已胚胎末段之意。次以拳毛騧、師子花真馬，襯起圖畫，分寫總寫，變化整齊，是爲文章正面。末段嘆今之畫圖猶存，而故君之垂御已盡，淋漓悲痛，是爲意外出奇，五花八門，差足擬其文境也。

【校記】

［一］圖：《草堂先生杜工部詩集》作『圖引』，《杜詩詳注》作『圖歌』。。

［二］瑪瑙：《杜工部集》作『馬腦』。

［三］碗：《杜詩詳注》作『盤』。

［四］師：《杜詩詳注》作『獅』。

［五］騎戰：《杜詩詳注》作『戰騎』。

［六］動烟：《杜詩詳注》作『雜霞』。

［七］官：《草堂先生杜工部詩集》作『宫』。

古柏行

孔明廟前有古［一］柏，柯如青銅根如石。霜皮溜雨四十圍，黛色參天二千尺。君臣已與時際會，樹木猶爲人愛惜[二]。雲來氣接巫峽長，月出寒通雪山白(一)。憶昨路繞錦亭一作城東(二)，先主武侯同閟宫(三)。崔嵬枝幹郊原古，窈窕丹青户牖空。落落蟠[三]踞雖得地，冥冥孤高多烈風。扶持自是神明力，正直元[四]因造化功。大厦如傾要梁棟，萬牛回[五]首邱[六]山重。不露文章世已驚，未辭翦伐誰能送。苦心豈免容螻蟻，香葉終經宿鸞鳳。志士幽人莫怨嗟，古來材大難爲用。

(一)雪山，在成都西。

(二)錦亭，即城(校者按：城應爲成)都之錦江亭子也。

(三)《成都記》：武侯廟前有雙大柏，云爲侯手植。

王右仲曰：公每極贊孔明，蓋竊比之意。孔明才大而不盡其用，公自比稷契，而人莫之知，故篇末結出本旨，所以發興於古柏者也。浦二田云：首段直起，是夔柏正文；君臣二句，已逗著末段，寒通雪山，恰好引出成都；中段當依朱注，四成都，四本地。朱注：成都廟柏，在郊原平地，自可久存，若此之蟠踞高山，烈風莫憾，誠得神明造化之功。必如此解，下文方好接連，末段傳出氣概，與君臣遇合句相激射。不露文章，寫得身分高；未辭翦伐，寫得意思曲。言本非炫俗，而英采自見，並非絶俗，而扶進爲難。容螻蟻媒孽何傷，栖鸞鳳德輝交映，總爲志士幽人寫照。結語一吐本旨，而『材大』兩字，仍與古柏交關。

【校記】

[一]古：《草堂先生杜工部詩集》《杜工部集》《杜詩詳注》作『老』。

[二]《杜詩詳注》『君臣』二句在『雪山白』後。

[三]蟠：《草堂先生杜工部詩集》《杜工部集》《杜詩詳注》作『盤』。

[四]元：《杜工部集》作『原』。

[五]回：《草堂先生杜工部詩集》《杜詩詳注》作『迴』。

[六]邱：《草堂先生杜工部詩集》《杜工部集》《杜詩詳注》作『丘』。

秋風[一]

秋風淅淅吹我衣，東流之外西日微。天晴[二]一作清小城擣練急，石古路細[三]行人稀。不知明月爲誰好？早晚孤舟[四]他夜歸。會將白髮倚庭樹，故園池館[五]今是非。

邵子湘云：作律詩讀，格轉高老。《秋風》本二篇，此其次也，蓋因秋風而動鄉思。首句外未嘗賦秋風，而字裏行間，皆若有淒清蕭索之狀，是以文貴有神。

【校記】

[一]《杜工部集》題作《秋風二首》。此爲其二。

[二]晴：《杜工部集》《杜詩詳注》作『清』。

[三]路細：《杜工部集》《杜詩詳注》作『細路』。

[四]舟：《杜工部集》《杜詩詳注》作『帆』。

[五]館：《杜工部集》《杜詩詳注》作『臺』。

寄韓諫議注[一]

今我不樂思岳陽(一)，身欲奮飛病在床。美人娟娟隔秋水，濯足洞庭望八荒。鴻飛冥冥日月白，青楓葉赤天雨霜。玉京群帝集北斗(二)，或騎騏驎翳鳳凰[二]。芙蓉旌旗烟霧落[三]，影動倒景凌[四]瀟湘(三)。星宫之君醉瓊[五]漿，羽人稀少不在旁。似聞昨者赤松子，恐是漢代韓張良。昔隨劉氏定長安，帷幄未改神慘傷。國家成敗吾豈敢？色難腥腐餐楓[六]香。周難[七]留滯古所惜(四)，南極老人應壽昌(五)。美人胡爲隔秋水，焉得置之貢玉堂？

(一)師注：岳州巴陵郡，在岳之陽，故曰岳陽，有君山、洞庭湖、湘江之勝。

(二)《晋天文志》：北斗，人君之象，號令之主。

(三)《大人賦》注：陵陽子，倒景气去地四千里，其景皆倒在下。

(四)《史記》：太史公留滯周南。

(五)《春秋元命苞》：老人星，治平則見，見則主壽昌。

朱鶴齡曰：韓諫議不可考，其人大似李泌，必肅宗收京時，曾與密謀，後屏居衡湘。公思之而作此詩。『似聞昨者』以下，歎其功在帷幄，倏然遠引。『周南留滯』以下，惜其阻隔秋水，而不得大用，或疑即韓休之子注，又謂爲李泌隱衡山而作，其説牽合難從。《心解》云：首六句，致懷思韓君之意。次六句，喻言貴冑盈朝，高人遠引。群帝猶言群仙也。集斗騎鳳，謂得時而馭之徒。芙蓉落影，謂屏居岳陽之客。又次六句，明諫議去職歸山之跡，謂當時雖參密謀，而志不以貴近爲幸，决然捨去。彼豈謂國家成敗無虞，而飄然自遠乎？但厭腥腐而樂清虚耳。

末四句，乃惜其終隱而望再出也，源出楚騷，氣味大類謫仙。

【校記】

[一]注：《杜工部集》無『注』字。

[二]凰：《杜工部集》作『皇』。

[三]落：《杜工部集》作『樂』。

[四]凌：《杜工部集》《杜詩詳注》作『摇』。

[五]璚：《杜工部集》《杜詩詳注》作『瓊』。

[六]楓：《杜工部集》作『風』。

[七]難：《杜工部集》作『南』。

李潮八分小篆歌

周越《書苑》：李潮善小篆，師李斯《嶧山碑》。趙明誠《金石録》：《唐慧義寺彌勒像碑》，李潮之八分書也。

蒼頡鳥跡既茫昧，字體變化如浮雲。陳倉石鼓又已訛[一]，大小二篆生八分[二]。秦有李斯漢蔡邕，中間作者寂[一]不聞。嶧山之碑野火焚[三]，棗木傳刻肥失真。苦縣光和尚骨立[四]，書貴瘦硬方通神。惜哉李蔡不復出[二]，吾甥李潮下筆親。尚書韓擇木，騎曹蔡有鄰。開元以[三]來數八分，潮也奄有二子成三人。况潮小篆逼秦相，快劍長戟森相向。八分一字直百金，蛟龍蟠[四]拿肉屈强。吴郡張顛誇草書，草書非古空雄壯。豈如吾甥不流宕，丞相中郎丈人行。巴東逢李潮，逾月求我歌。我今衰老才力薄，潮乎潮乎奈汝何。

（一）石鼓，今現存，並重文三百十字。

（二）周太史籀，作大篆； 秦相李斯，作小篆。

（三）《嶧山碑》，李斯小篆。

（四）苦縣，老子所生之地，在今河南鹿邑縣。 光和，漢靈帝年號。《老子祠碑》，蔡邕八分書也。

此詩援引雜沓，而脉絡最細，即浦二田《心解》，亦未指出。 按八方小篆，擘分兩項，而八分冠於小篆，則八分尤其所長。 李斯《嶧山碑》，小篆也； 蔡邕《苦縣碑》，八分也。 以李、蔡予潮，是爲八方小篆總提。 『尚書』四句，專贊其八分。 『况復』二句，兼贊其小篆。 一字百金，於八分上再著一筆，以著其所尤長，而即以『丞相中郎』，將八分小篆映前作總收。 用法之細，幾於無跡可尋，良工心苦，復誰知之。

【校記】

［一］寂：《杜詩詳注》作『絶』。

［二］出：《草堂先生杜工部詩集》《杜工部集》《杜詩詳注》作『得』。

［三］以：《草堂先生杜工部詩集》《杜工部集》《杜詩詳注》作『已』。

［四］蟠：《草堂先生杜工部詩集》《杜工部集》《杜詩詳注》作『盤』。

縛鷄行

小奴縛鷄向市賣，鷄被縛急相喧争。家中厭鷄食蟲蟻，不知鷄賣還遭烹。蟲鷄於人何厚薄，吾叱奴人解其縛。鷄蟲得失無了時，注目寒江倚山閣。

本眼前情事，得末二句，便超曠欲絶。

折檻行

取《漢書·朱雲傳》語。

嗚呼房魏不復見，秦王學士時難羨。青衿[二]冑子困泥塗，白馬將軍若雷電(一)。千載少似朱雲人，至今折檻空嶙峋。婁公不語宋公語，尚憶先皇容直臣。

(一)《三國志》：龐德常乘白馬，謂之白馬將軍。宋公璟，嘗抑邊將之功，則於白馬句亦有照涉。

此章慨儒術道喪，權勢驕横，無直言似朱雲者，以匡主治也。按永泰二年，中官魚朝恩，判國子監事，故作此詩。言『青衿冑子』，被其污辱，而當時諸臣，不能如房、魏直言力争，任其横行也。時朝恩兼神策軍使，故以白馬將軍比之。末嘆想先皇，則又歸本主德矣。婁公不語，特襯出宋公耳。婁本以謹厚稱，非直臣，且與宋亦不同時。洪容齋謂此詩專爲諫諍而設，則『青衿』二句，無乃闌入。

【校記】

[一]衿：《草堂先生杜工部詩集》作『襟』。

荆南兵馬使太常卿趙公大食刀歌(一)

太常樓船聲嗽嘈，問兵刮寇趨[一]下牢(二)。牧出令奔飛百艘，猛蛟突獸紛騰逃。白帝寒城駐錦袍，元[二]冬示我胡國刀。壯士短衣頭虎毛，憑軒拔鞘天爲高。翻風轉日木怒號，冰翼雪亦作雲澹傷哀猱。鐫錯碧罌鸊鵜膏(三)，鋩鍔已瑩虛秋濤。鬼物撇捩辭[三]坑壕，蒼水使者捫赤絛(四)[四]。龍伯國人罷釣鼇(五)。芮公回[五]首顔色勞(六)，分閫救世用賢豪。趙公玉立高歌起(七)，攬環結佩相終始。萬歲持之護天子，得君亂絲與君理。蜀江如綫如針[六]水，荆岑彈丸心未已。賊臣惡子休干紀，魑魅魍魎徒爲耳。妖腰亂領敢欣喜。用之不高亦不庳，不似長劍須天倚。吁嗟光禄英雄弭，大食寶刀聊可比。丹青宛轉麒麟裏，光芒六合無泥滓。

(一)《舊唐書》：大食，在波斯之西。
(二)下牢，在夔峽口。
(三)舊注：罌，長頸瓶，以盛膏者。
(四)蒼水使者，《搜神記》：『有人渡河，見一人橫刀而立，叱之，曰：吾蒼水使者也。』
(五)《列子》：龍伯之國有大人，一釣而連六鼇。朱曰：言此刀鬼物見之，無不驚逸，如蒼水使者，甫捫刀，而釣鼇之人，亦爲辟易也。
(六)芮公，荆南節度使衛伯玉。

（七）光禄，應即趙公，或曾爲是官。

蔣弱六云：在昌黎長吉之間，公偶有意出奇耳，然骨力仍非人所能及。此詩無多意，前六句述見刀之由，下接言刀之威，『芮公』四句，從刀扭入人上，其下接言刀之用，末用人刀雙收。讀之但覺光芒怪發，亦如昌黎碑誌文，每逢意少處，則造奇語耳。

【校記】

[一]趨：《草堂先生杜工部詩集》作『超』。
[二]元：《草堂先生杜工部詩集》《杜詩詳注》作『玄』。此處爲避康熙玄燁諱。
[三]捩辭：《草堂先生杜工部詩集》《杜工部集》《杜詩詳注》作『捩亂』。
[四]縧：《草堂先生杜工部詩集》《杜工部集》《杜詩詳注》作『絛』。
[五]回：《杜詩詳注》作『迴』。
[六]如針：《草堂先生杜工部詩集》《杜工部集》《杜詩詳注》作『針如』。

王兵馬使二角鷹

悲臺蕭瑟[一]石巃嵸，哀壑杈丫浩呼洶。中有萬里之長江，迴風陷[二]日孤光動。角鷹翻倒[三]壯士臂，將軍玉帳軒勇[四]氣。二鷹猛腦絛徐墜[五]，目如愁胡視天地。杉鷄竹兔不自惜（一），孩[六]虎野羊俱辟易（二）。韝上鋒棱十二翮，將軍勇[七]鋭與之敵。將軍樹勛起安西，崑崙虞泉入馬蹄（三）。白羽曾肉三狻猊（四），敢決豈不與之齊。荆南芮公得將軍，亦如角鷹下朔[八]雲。惡鳥飛飛啄金屋，安得爾輩開其群，驅出六合梟鸞分。

（一）杉鷄，《臨海博物志》：頭有長毛，冠頰正青。竹兔，小如野兔，食竹葉。

（二）孩虎，猶言乳虎。

（三）虞泉，即虞淵也。《淮南子》：日入虞淵。

（四）《爾雅》：狻猊，似虦猫，食虎豹。

首四句未嘗言鷹，而鷹之神已攝。如成公綏《嘯賦》云：睎高慕古，長想遠思。未嘗言嘯，而嘯之情已具。東坡云：筆所未到氣已吞，正須争此起手，後半忽以鷹比人，忽以人比鷹，極出没恢詭之致。浦二田嘆爲魚龍曼衍，不足爲其勾，非虚语也。

【校記】

［一］瑟：《杜工部集》作『飒』。

［二］陷：《杜工部集》《杜詩詳注》作『滔』。

［三］翻倒：《杜詩詳注》作『倒翻』。

［四］勇：《杜工部集》《杜詩詳注》作『翠』。

［五］絛徐墜：《杜工部集》作『徐侯穟』。

［六］孩：《杜工部集》《杜詩詳注》作『溪』。

［七］勇：《杜工部集》作『男』。

［八］朔：《杜工部集》作『翔』。

醉爲馬墜諸公攜酒相看

甫也諸侯老賓客，罷酒酣歌拓金戟。騎馬忽憶少年時，散蹄迸落瞿唐[一]石(一)。白帝城門水雲外，低身直下八千尺。粉堞電轉紫游韁，東得平岡出天壁。江村野堂争入眼，垂鞭嚲鞚凌紫陌(二)，嚮來皓首驚萬人。自倚紅顔能騎射。安知决臆追風足(三)，朱汗駿驔猶噴玉(四)。不虞一蹶終損傷，人生快意多所辱。職當憂戚伏衾枕，况乃遲暮加煩促。朋[二]知來問腆我顔，杖藜强起依僮僕。語盡還成開口笑，提攜别掃清溪曲。酒肉如山又一時，初筵哀絲動豪竹。共指西山[三]不相貸，喧呼且覆杯中渌。何必走馬來爲問，君不見嵇康養生被[四]殺戮。

(一)瞿唐，在夔州東。
(二)嚲，音妥，敧也。
(三)决臆，朱注：縱意也。
(四)盧照鄰詩『鐵騎曉駸驔』，蓋狀馬之走也。

前段寫出不躓於險而躓於平地之意，故以快意多辱結之，後半寫得曠達，結意翻出題外，通首筆筆飛舞。

【校記】

[一]唐：《杜工部集》作『塘』。

[二]朋：《杜工部集》作『明』。
[三]山：《杜工部集》《杜詩詳注》作『日』。
[四]被：《杜工部集》作『遭』。

寄狄明府博濟[一]

梁公曾孫我姨弟(一)，不見十年官濟濟。大賢之後竟陵遲，浩蕩古今同一體。比看伯叔[二]四十人，有才無命百僚底。今者兄弟一百人，幾人卓絶秉周禮。在汝更用文章爲，長兄白眉復天啓。汝門請從曾翁說(二)，太后當朝多巧詆。狄公執政在末年，濁河終不污清濟。國嗣初將付諸武，公獨廷諍守丹陛。禁中决策[三]請房陵，滿[四]朝長老皆流涕。太宗社稷一朝正，漢官威儀重昭洗。時危始識不世才，誰謂荼苦甘如薺。汝曹又宜列鼎[五]食，身使門户多旌棨。胡爲飄[六]泊岷漢間，干謁王侯[七]頗歷抵。况乃山高水有波，秋風蕭蕭露泥泥。虎之餓[八]，下巉岩，蛟之横，出清泚。早歸來，黄土污[九]衣眼易眯。

(一)《唐書·狄仁杰傳》：字懷英，睿宗追封梁國公。
(二)曾翁，即曾祖，指梁公也。

前半叙述家世，似爲忠臣之裔，門祚衰薄興慨，讀至末段，知其用意深矣。楊倫云：公於有才人，每不樂其爲藩鎮用，贈蘇徯詩意亦如此，况狄又忠臣之後乎，結意具見相愛之切。按：昌黎《送董邵南序》，結處與此用意同，但詞更隱、意更正耳。

【校記】

[一]《杜工部集》題作《狄明府》。
[二]伯叔：《杜工部集》作『叔伯』。
[三]策：《杜工部集》作『册』。
[四]滿：《杜工部集》《杜詩詳注》作『前』。
[五]鼎：《杜工部集》作『土』。
[六]飄：《杜工部集》作『漂』。
[七]王侯：《杜詩詳注》作『侯王』。
[八]餓：《杜工部集》作『飢』，《杜詩詳注》作『饑』。
[九]污：《杜工部集》作『泥』。

觀公孫大娘弟子舞劍器行 有序。

大曆二年十月十九日，夔府[一]别駕元持宅，見臨潁李十二娘舞劍器，壯其蔚跂(一)。問其所師，曰：『余公孫大娘弟子也。』開元三載，余尚童稚，記於偃[二]城，見[三]公孫氏舞劍器渾脱(二)，瀏灕頓挫，獨出冠時，自高頭宜春、梨園二伎坊内人(三)，洎外供奉[四]，曉是舞者，聖神文[五]武皇帝初，公孫一人而已。玉貌錦衣，況余白首；二句難解，當有闕文。今兹弟子，亦匪盛顔。既辨[六]其由來，知波瀾莫二。撫事感慨[七]，聊爲《劍器行》。往[八]者吴人張旭，善草書書帖，數常於鄴縣，見公孫大娘舞西河劍器，自此草書長進，豪宕[九]感激，即公孫可知矣。

昔有佳人公孫氏，一舞劍器動四方。觀者如山色沮喪，天地爲之久低昂。㸌如羿射九日落，矯如群帝驂龍翔。來如雷霆收震怒(四)，罷如江海凝清光。絳脣珠袖兩寂寞，晚[十]有弟子傳芬芳。臨潁美人在白帝，妙舞此曲神揚揚。與余問答既有以，感時撫事增惋傷。先帝侍女八千人，公孫劍器初第一。五十年間似反掌，風塵澒洞[十一]昏王室。梨園子弟[十二]散如烟，女樂餘姿映寒日。金粟堆南木已拱，瞿唐[十三]石城草蕭瑟。玳筵急管曲復終，樂極哀[十四]來月東出。老夫不知其所往，疾[十五]繭空[十六]山轉愁寂[十七]一作疾。

(一)蔚跂，謂其有光有勢也。臨潁，屬河南許州。

(二)王漁洋云：陳暘《樂書》曰：『樂府諸曲，自古不用犯聲。自則天末年，劍器入渾脱，爲犯聲之始。劍器宫調，渾脱商調，以臣犯君，故爲犯聲。又唐多用解曲，如柘枝用渾脱解之類。觀此則劍器渾脱，各爲舞曲之名審矣。』

(三)《教坊記》：女入教坊謂之内人，亦謂之前頭人。高頭，或即前頭之意。

(四)收震怒，舊注：『收』字，謂其猶隱隱有聲也。按：比其舞之有餘勢也。

劉克莊云：『此與《琵琶行》，一如壯士軒昂赴敵場，一如兒女恩怨相爾汝。』王嗣奭云：『因李氏念及公孫，因公孫念及先帝，全爲開元天寶五十年來，治亂興衰而發。不然，一舞女耳，何足摇其筆端哉。』

【校記】

[一]府：《杜詩詳注》作『州』。

[二]偃：《草堂先生杜工部詩集》《杜工部集》《杜詩詳注》作『郾』。

[三]見：《草堂先生杜工部詩集》《杜工部集》《杜詩詳注》作『觀』。

[四]《杜詩詳注》此處有『舞女』二字。
[五]神文：《草堂先生杜工部詩集》《杜工部集》《杜詩詳注》作『文神』。
[六]辨：《草堂先生杜工部詩集》作『辯』。
[七]感慨：《草堂先生杜工部詩集》《杜工部集》《杜詩詳注》作『慷慨』。
[八]往：《杜詩詳注》作『昔』。
[九]宕：《草堂先生杜工部詩集》《杜工部集》《杜詩詳注》作『蕩』。
[十]晚：《杜工部集》作『況』。
[十一]澒洞：《杜工部集》作『傾動』。
[十二]子弟：《草堂先生杜工部詩集》《杜詩詳注》作『弟子』。
[十三]唐：《草堂先生杜工部詩集》作『塘』。
[十四]哀：《草堂先生杜工部詩集》作『悲』。
[十五]疾：《草堂先生杜工部詩集》《杜工部集》《杜詩詳注》作『足』。
[十六]空：《草堂先生杜工部詩集》《杜工部集》《杜詩詳注》作『荒』。
[十七]寂：《草堂先生杜工部詩集》《杜工部集》作『疾』。

短歌行贈王郎司直[一]

王郎酒酣拔劍斫地歌莫哀，我能拔爾抑塞磊落之奇才。豫章[二]翻風白日動(一)，鯨魚跋浪滄溟開。且脱劍佩[三]休徘徊，西得諸侯掉[四]錦水。欲向何門趿珠履(二)，仲宣樓頭春色[五]深(三)。青眼高歌望吾子，眼中之人吾老矣。

（一）陸賈《新語》：楩楠豫章，天下之名木。

（二）跋，先答切。

（三）《荆州記》：當陽縣城樓，王仲宣登之而作賦。

突兀淋漓，上下各五句，用單句相間爲韻，亦是創格。此大曆三年，在荆南作也。曰「王郎」，必年少之人；「豫章」二句，正形容英年氣概，故以青眼望之；末則自嘆其衰老也。邵子湘解：以前八句皆王郎歌詞，末一句則公答之語。如此解，是王郎贈公，非公贈王郎。是時公已望六，則形容處，俱屬不切，且公自夔州適荆州，未嘗再往蜀也。

【校記】

［一］《草堂先生杜工部詩集》題作《短歌行》。

［二］章：《草堂先生杜工部詩集》《杜工部集》作「樟」。

［三］劍佩：《杜工部集》作「佩劍」。

［四］掉：《草堂先生杜工部詩集》《杜工部集》《杜詩詳注》作「棹」，

［五］色：《草堂先生杜工部詩集》作「已」。

夜聞觱篥 亦名悲栗，本龜兹國樂也。

夜聞觱篥滄江上，衰年側耳情所向[一]本作嚮。鄰舟一聽多感傷，塞曲三更欻悲壯。積雪飛霜此夜寒，孤燈急管更[二]風湍。君知天地干戈滿，不見江湖行路難。

此悲身事之漂泊也，故愁苦之情，一聞觱篥之音，不覺爲所觸，而有所向矣。三四狀出苦景，末用加一倍寫法，傳出苦情，節短而情長。

【校記】

[一]向：《杜工部集》《杜詩詳注》作「嚮」，

[二]更：《杜工部集》《杜詩詳注》作「復」。

暮秋枉裴道州手札率爾遣興寄遞[一]呈蘇渙侍御(一)

久客多枉友朋書，素書一月凡一束。虚名但蒙寒暄[二]問，泛愛不救溝壑辱。齒落非[三]是無心人，舌存恥作窮途哭。道州手札適復至，紙長要自三過讀。盈把那須滄海珠，入懷本倚崑山玉。撥弃潭州百斛酒，蕪没瀟岸千株菊。使我晝立煩兒孫，使[四]我夜坐費燈燭。憶子初尉永嘉去(二)，紅顔白面花映肉。軍符侯印取豈遲，紫燕騄[五]耳行甚速。聖朝尚飛戰鬥塵，濟世宜引英俊人。黎元愁痛會蘇息，戎[六]狄跋扈徒逡巡。授鉞築壇聞意旨，頽綱漏網期彌綸。郭欽上書見大計(三)，劉毅答詔驚群臣(四)。他日更僕語不淺，明公論兵氣益振。傾壺簫管動[七]白髮，舞劍霜雪吹青春。宴筵曾語蘇季子(五)，後來杰出雲孫比。茅齋定王城郭門(六)，藥物楚老漁商市。市北肩輿每聯袂(七)，郭南抱甕亦隱几。無數將軍西第成，早作丞相東山起。烏雀苦肥秋粟菽，蛟龍欲蟄寒沙水(八)。天下鼓角何時休，陣前部曲終日死。附書與裴因示蘇，此生已愧須人扶。致君堯舜付公等，早據要路思捐軀。

(一)黄鶴注：裴虯爲道州刺史，蘇侍御時在潭。永嘉，浙江温州府治。按：公時寓潭，今長沙府。
(二)公在京時，有送裴尉永嘉詩。
(三)晋郭欽有《徙戎疏》。
(四)晋劉毅對武帝，謂其可方桓靈，俱詳《晋書》。
(五)前有餞裴赴道州詩，或蘇亦在坐，故用宴餞引起。
(六)定王城，漁商市，皆指潭州。
(七)肩輿，見蘇侍來詩序，云『肩輿江浦，忽訪老夫』。
(八)『烏雀』二句，所謂『侏儒飽欲死，臣朔飢欲死』也。

此詩順題布置，而波磔自出其中。首段狀得書喜劇之情，以『軍符侯印』起下段；次段寫期望裴道州之詞，『他日』作往日解，以追叙餞筵起末段；末段傷蘇之淪落，欲其大用。每段以束作提，有山斷雲連之勢，結用雙綰，又極嚴密，亦公集中最整煉之作。

【校記】

[一]遞：《杜工部集》作『近』。

[二]暄：《杜工部集》作『温』。
[三]非：《杜工部集》《杜詩詳注》作『未』。
[四]使：《杜工部集》《杜詩詳注》作『令』。
[五]騄：《杜工部集》作『緑』。
[六]戎：《杜工部集》作『夷』。
[七]動：《杜工部集》作『黑』。

白鳧行

君不見黄鵠高於五尺童，化爲白鳧似老翁(一)。故畦遺穗已蕩盡，天寒歲暮波濤中。鱗介腥膻素不食，終日忍飢[一]西復東。魯門鶢鶋亦蹭蹬，聞道於今猶避風。

(一)朱注：黄鵠化爲白鳧，猶五尺童化爲老翁。

守節安命，兩得其宜。鶢鶋事固出《國語》，而詩之意却用《莊子》。董斯張曰：隱然有不饗太牢，不樂鐘鼓之態。是説得之，蓋不特不食鱗介，即非道之富貴，亦有所不處也。

【校記】

[一]飢：《杜詩詳注》作『饑』。

朱鳳行

君不見瀟湘之山衡山高，山巔朱鳳聲嗷嗷。側身長顧求其曹[一]，翅垂口噤心勞[二]勞。下愍百鳥在羅網，黄雀雖[三]小猶難逃。願分竹實及螻蟻，盡使鴟梟相怒號(一)。

(一)盡，讀上聲。

從一腔惻隱流出，結句意謂但使澤及生民，即逢彼之怒，亦所弗恤。蔣弱六云：《白梟行》言其狷介之節，《朱鳳行》發其胞與之量，此老豈徒爲大言，中實有學問性情在，不如是，不足爲千古第一詩人也。

【校記】

[一]曹：《草堂先生杜工部詩集》《杜工部集》作『群』。

[二]勞：《草堂先生杜工部詩集》《杜工部集》作『甚』。

[三]雖：《草堂先生杜工部詩集》《杜工部集》《杜詩詳注》作『最』。

追酬故高蜀州人日見寄(一)

有序。

開文書帙中，檢所遺忘，因得故高常侍適往居在成都時，高任蜀州刺史，人日相憶見寄詩，泪灑行間。讀終篇末。自枉詩，已十餘年。莫記存没，又六七年矣〔二〕。老病懷舊，生意可知。今海内忘形故人，獨漢中王瑀，與昭州敬使君超先在〔三〕。愛而不見，情見乎詞〔一〕。大曆五年正月二十一日，却追酬高公此作，因寄王及敬弟。

自枉〔二〕蜀州人日作，不意清詩久零落。今晨散帙眼忽開，迸淚幽吟事如昨。嗚呼壯士多慷慨，合沓高名動寥廓。嘆我悽悽求友篇，感君〔三〕鬱鬱匡時略。錦里春光空爛〔四〕熳，瑶池〔五〕侍臣已冥漠〔四〕〔六〕。瀟湘水國傍黿鼉，鄠杜秋天失雕鶚〔五〕。東西南北更誰論，白首扁舟病獨存。遥拱北辰纏寇盜，欲傾東海洗乾坤。邊塞西羌〔七〕最充斥，衣冠南渡多崩奔。鼓瑟至今悲帝子，曳裾何處覓王門。文章曹植波瀾闊，服食劉安德業尊。長笛鄰家〔八〕一作誰能亂愁思，昭州詞翰與招魂。

（一）唐蜀州，今成都府所屬之崇慶州。

（二）適乾元中刺蜀，永泰元年卒。

（三）昭州，今廣西平樂府。

（四）趙注：按史，適召還爲刑部侍郎、左散騎常侍，故有『瑶池侍臣』之語。

（五）鄠杜，謂長安帝都也。

情文相生，一往曲折纏綿。『遥拱北辰』四句，承上『東西南北』四字來，有蹙蹙靡騁之意，言不得已而南征也。悲帝子身之所在，『覓王門』即引動下二句。文章德業，謂漢中王：鄰笛用向秀《思舊賦》，意謂我既以詩和之，昭州亦當以詞翰招之也。

附高適《人日寄杜二拾遺》詩：

人日題詩寄草堂，遥憐故人思故鄉。柳條弄色不忍見，梅花滿枝堪斷腸。身在南蕃無所預，心懷百憂復千慮。今年人日復相憶，明年此日知何處。一卧東山三十春，豈知書劍老風塵。龍鍾遠忝二千石，愧爾東西南北人（許按：公嘗有詩：『甫也東西南北人。』）。

【校記】

［一］詞：《杜工部集》《杜詩詳注》作『辭』。
［二］枉：《杜工部集》《杜詩詳注》作『蒙』。
［三］君：《杜工部集》作『時』。
［四］爛：《杜工部集》《杜詩詳注》作『爛』。
［五］池：《杜工部集》《杜詩詳注》作『墀』。
［六］漠：《杜工部集》作『寞』。
［七］羌：《杜工部集》作『蕃』。
［八］鄰家：《杜工部集》作『誰能』。

杜詩鈔卷上終

杜詩鈔卷下

六觀樓讀本

五律

春日憶李白

白也詩無敵，飄然思不群。清新庾開府，俊逸鮑參軍。渭北春天樹，江東日暮雲[一]。何時一尊[二]酒，重與細論文？

（一）李泰伯云：渭北，子美所居；江東，白之所在也。

前半贊其詩，後半憶之也，五六情與景兼，結入論文，與前四句渾成一氣，五律正宗。

【校記】

[一]尊：《杜詩詳注》作『樽』。

房兵曹胡馬[一]

《唐書》：諸衛府州，各有兵曹參軍事。

胡馬大宛名(一)，鋒棱瘦骨成。竹批雙耳峻，風入四蹄輕。所向無空闊，真堪托死生。驍騰有如此，萬里可横行。

(一)宛，於爰切。《史記》：得大宛汗血馬。按：大宛，在今伊犁西南，安集延諸回部是其地。

三四寫其形狀，五六摹其神氣，七作一束，筆力横絶，末則帶寫兵曹也。李子德云：五六如咏良朋，如咏大將，所謂沉雄。浦二田云：練局奇峭，一氣飛舞而下，所謂矞蝕不斷者也。

【校記】

[一]《杜工部集》題作《房兵曹胡馬詩》。

畫鷹

素練霜風[一]起，蒼鷹畫作殊。攫身思狡兔(一)，側目似愁胡(二)。絛鏇光堪摘(三)，軒楹勢可呼。何當擊凡鳥，毛血灑平蕪。

（一）摌，晋灼曰：古『竦』字。

（二）孫楚《鷹賦》：深目蛾眉，狀如愁胡，愁胡眼碧，鷹目似之。

（三）鏇，圓軸，所以繫絛者。

王漁洋云：起五字已攝畫鷹之神。前六句俱從畫字傳神，末以真鷹之功用期之。浦二田云：乘風思奮之心，疾恶如讐之志，一齊揭出。與胡馬詩，並突兀精悍，於馬摹其神駿，於鷹肖其摯猛，想見公蹈厲發揚之志。

【校記】

［一］霜風：《杜工部集》《杜詩詳注》作『風霜』。

夜宴左氏莊

風林［一］纖月落，衣露静［二］琴張。暗水流花徑，春星帶草堂。檢書燒燭短，看劍引杯長。歌［三］罷聞吴咏，扁舟意不忘。

黄白山云：『夜景有月易佳，無月難佳。三四寫無月夜景，最工妙。』適聞吴咏，而動江湖之興，詩境宕拓不盡。

【校記】

［一］風林：《杜詩詳注》作「林風」。

［二］静：《杜工部集》作「净」。

［三］歌：《杜工部集》《杜詩詳注》作「詩」。

送裴二虬尉［一］永嘉

永嘉，注前。

孤嶼亭何處（一），天涯水氣中。故人官就此，絶境與誰同。隱吏逢梅福（二），游山憶謝公（三）。扁舟吾已具［二］，把釣待秋風。

（一）《寰宇記》：嶼在温州南永嘉江中。

（二）《漢書》：梅福補南昌尉。

（三）《宋书》：謝靈運，爲永嘉太守。

起擅高格，五六典切，結有餘韻，一氣搏捖，情境胥融。仇氏云：五切縣尉，六切永嘉。

【校記】

［一］尉：《杜工部集》作「作尉」。

［二］具：《杜工部集》作「就」，《杜詩詳注》作「僦」。

贈陳二補缺

世儒多汩没，夫子獨聲名。獻納開東觀，君王問長卿。皂雕寒始急，天馬老能行。自到青冥裏，休看白髮生。

陳補缺必老而始遇者，既賀之而復自傷也。起手即牽自己在内，五六『寒』『老』二字壯而悲，結句有味外味，言老而汩没者，當何如也？

故武衛將軍挽詞[一]

三首鈔其一。《唐六典》：左右武衛將軍各二人，從三品。

嚴警當寒夜，前軍落大星。壯夫思敢[二]決，哀詔惜精靈。王者今無戰，書生已勒銘。封侯意疏闊，編簡爲誰青。

竟體沉雄，結二句有慨乎其言之。

【校記】

[一]詞：《杜工部集》作『歌』。

[二]敢：《杜工部集》作『感』。

官定後戲贈　自贈也。公自注：時免河西尉，爲右衛率府兵曹。

不作河西尉，凄凉爲折腰。老夫怕趨走，率府且逍遥〔一〕。耽酒須微禄，狂歌答[一]聖朝。故山歸興盡，時家奉先。回首向風飈。

〔一〕率府，東宫官也。《唐六典》：太子左右率府，每曹參軍事各一人，從八品下。按：秦漢詹事屬官，有衛率。

鮑氏曰：公進《三大禮賦》，上使待制集賢院，令宰相陳希烈試文章，爲希烈所忌，止送有司參列選序，擢河西尉，不拜，改右衛率府參軍。

按：此則公之受是職，亦大非其志矣，故不得志之意，與夫身世之感，並寄諸四十字中。

【校記】

[一]答：《杜工部集》《杜詩詳注》作『托』。

月夜　公陷賊中，而家寓鄜州。

今夜鄜州月，閨中祇獨看。遥憐小兒女，未解憶長安。香霧雲鬟濕，清輝玉臂寒。何時倚虚幌，雙照泪痕乾。

浦二田云：心已神馳到彼，詩却從對面飛來，悲惋微至，精麗絶倫，又妙在無一字不從月色照出也。從對面起已進一層，獨看正憶長安，而曰『未解』更進一層，五六擬其獨看之狀，結語想到共看之悲，深情宛轉，四十字包無限曲折，而毫無晦澀之態，斯爲精詣。

對雪

戰哭多新鬼，愁吟獨老翁。亂雲低薄暮，急雪舞迴風。瓢弃樽無绿（一），爐存火似紅。數州消息斷，愁坐正書空。

（一）沈休文詩『憂來命绿樽』，不必改作渌。

以『多』字襯出『獨』字，驚心動魄，中四又寫得悲慘，結處收應首句，局法渾成一氣。

春望

國破山河在，城春草木深。感時花濺泪，恨别鳥驚心。烽火連三月，家書抵萬金。白頭搔更短，渾欲不勝簪。

司馬温公曰：『「牂羊墳首，三星在罶」，言不可久也。詩貴意在言外，使人思而得之。近日惟杜子美，最得詩人之旨。如《春望》詩，「山河在」，明無餘物矣；「草木深」，明無人矣。花鳥平時可娱之物，見之而泣，聞之而悲，則時可知矣。』

一百五日對月[一]

無家對寒食，有泪如金波(一)。斫却月中桂，清光應更多。仳離放紅蕊，想像嚬[二]青蛾。牛女慢[三]愁思，秋期猶渡河。

(一)漢《郊祀歌》：『月穆穆以金波』。

此從『無家』二字著筆，三四奇想，正爲五六作引綫，亦可謂無聊賴之極矣，結則嘆己之歸家無期也。

【校記】

[一]對月：《杜工部集》《杜詩詳注》作『夜對月』。

[二]嚬：《杜詩詳注》作『顰』。

[三]慢：《杜工部集》作『漫』。

喜達行在[一]三首

時肅宗駐蹕扶風，改爲鳳翔郡(一)，公自京至行在。

西憶岐陽信，無人遂却回。眼穿當落日，心苦[二]著寒灰。霧[三]樹行相引，蓮峰[四]望忽開。所親驚老瘦，辛苦賊中來。蓮，一本作連，是。

愁思胡笳夕，淒凉漢苑春〔二〕。生還今日事，間道暫時人。司隸章初睹，南陽氣已新。喜心翻倒極，嗚咽淚沾巾。

死去憑誰報，歸來始自憐。猶瞻太白雪，喜遇武功天。影静千官裏，心蘇七校前〔三〕。今朝漢社稷，新數中興年〔四〕。

（一）鳳翔，岐地也。

（二）《後漢書·光武紀》：更始將北都洛陽，以光武行司隸校尉，使前整修宫府。父老垂涕曰：「不圖今日復見漢官威儀！」

（三）《漢書》：京師有南北軍屯，武帝平百越，内增七校。

（四）中，去聲。

仇滄柱云：首章見親知，次章至行在，末章對朝官，次第井井。張上若云：三首艱難之狀，忠愛之忱，一一寫出。浦二田云：言言著痛，筆筆欲飛，此方是欲泣欲歌之文。太白武功注見前，二句猶言復得見天日也。

【校記】

[一]《杜工部集》題作《喜逢行在所》，《杜詩詳注》題作《自京竄至鳳翔喜達行在所》。

[二]苦：《杜工部集》《杜詩詳注》作「死」。

[三]霧：《杜詩詳注》作「茂」。

[四]蓮峰：《杜詩詳注》作「蓮山」。

月

天上秋期近，人間月影清。入河蟾不没，擣藥兔長生。祇益丹心苦，能添白髮明。干戈知滿地，休照國西營。

此未收京以前之作。三四作怪嘆之詞，以起下文，言蟾雖不没，兔即長生，亦何裨於家國，祇傷丹心添白髮而已，結句如雪上霜。王氏洙曰：時官軍營於長安之西，言休照者，爲征人見月而增悲感也。浦注：謂鳳翔在長安之西，休照此偏安之御營，亦備一解。

收京　三首鈔二三。

生意甘衰白，天涯正寂寥。忽聞哀痛詔，又下聖明朝。羽翼懷商老〔一〕，文思憶帝堯〔二〕。叨逢罪己日，灑涕〔二〕望青霄。

汗馬收宮闕，春城鏟賊壕〔二〕。賞應歌杕杜，歸及薦櫻桃。雜虜横戈數，功臣甲第高。萬方頻送喜，無乃聖躬勞。

〔一〕朱注：建寧王倓，已被良娣、輔國之譖而死。廣平王新立大功，又爲良娣所忌，雖李泌力爲調獲，而時已還山。公不能無思於商老也。商老用留侯薦四皓事。

〔二〕『文思』句，謂玄宗禪位，猶堯之禪舜也。

前章以至大之事以勖中興，善頌善禱，無過於此，感極而泣，正以悲寫其喜也。次章以憂危勖其維新。浦云：『晋羊祜既請伐吴，乃曰：「正恐平吴之後，方勞聖慮耳。」』非無使君勞之謂也。玩五六句，浦説良是。『雜虜』謂回紇等助順之師，方擾内地。『功臣』句謂諸將恃克復之勳，將逞驕横，是以可憂。

【校記】

［一］灑涕：《杜工部集》作『沾灑』。

［二］壕：《杜工部集》《杜詩詳注》作『壕』

奉贈王中允維　中允，東宫官。

中允聲名久，如今契闊深。共傳收庾信(一)，不比得陳琳。一病緣明主，三年獨此心。窮愁應有作，祗［一］誦白頭吟(二)。

(一)侯景之亂，庾信營於朱雀橋。景至，信奔江陵，玄帝承制，除信御史中丞。此言王維初受禄山之脅，肅宗仍憐而官之耳。

(二)《白頭吟》，卓文君作，中有句云『願得一心人，白頭不相離』。公集中屢用《白頭吟》，此則用其詩意。

《杜臆》：此直是王維辨冤疏。按《新書》本傳，王維累遷給事中。禄山反，元宗西狩，維爲賊得，以藥下痢，陽瘖。禄山素知其才，迎置洛陽，迫爲給事中。禄山大宴凝碧池，召梨園諸工合樂，諸工皆泣，維聞賦詩悼痛。賊平，皆下獄。或以詩聞行在，肅宗亦自憐之，下遷太子中允。附維詩云：『萬户傷心生野烟，百官何日再朝天。秋槐葉落空宫裏，凝碧池頭奏管絃。』

【校記】

［一］祇：《杜工部集》作『試』。

春宿左省

乾元元年，公官拾遺，屬門下省。門下省在東，故曰左省，亦曰左掖。

花隱掖垣暮，啾啾栖鳥過。星臨萬户動，月傍九霄多。不寢聽金鑰，因風想玉珂。明朝有封事，數問夜如何。

仇云：自暮而夜而朝，叙述詳明，而忠勤爲國之意，即在其中。補注：珂，《本草》：貝類。蔡注：可以爲飾。《通俗文》曰：馬勒飾，曰珂。按唐《車服志》：『五品以上，有珂傘。凡車之制：三品以上，珂九子；四品，七子；五品，五子；四品以下，去通幰及珂。』師氏曰：玉珂，導者所鳴之珂，或云馬飾，非。據數説，則馬及傘車，皆可以飾珂也。

送賈閣老出汝州

賈至，爲中書舍人，出守汝州，中書掌綸誥，因號綸閣，又中書省，光宅元年，改曰鳳閣，故稱舍人曰閣老。

西掖梧桐樹（一），空留一院陰。艱難歸故里，去住損春心。宫殿青門隔，雲山紫邏深（二）。人生五馬貴，莫受二毛侵。

（一）《初學記》：中書省在右，因謂之右曹，亦稱西掖。

(二)《九域志》：汝州梁縣有紫邏山。按：梁縣，今省入汝州。

浦二田云：『起聯破空而來，絶奇。他人用作落句，則常調矣。賈之出守，大抵是失意事，故皆作惋惜慰遣之詞。』補注：賈至，河南洛陽人，汝與河南府爲鄰，故曰『歸故里』。青門，長安東城門也。邵平種瓜青門外，即此。

憶弟

二首鈔次首。公自注：時歸南陸渾莊。按：陸渾，今河南伊陽縣。

且喜河南定，不問鄴城圍(一)。百戰今誰在，三年望汝歸。故園花自發，春日鳥還飛。斷絶人烟久，東西消息稀。

(一)河南，唐東都。時安慶緒弃走，東都已復，九節度復困之於鄴州。

能以淡語寫其悲情。按：第一首云『喪亂聞吾弟，飢寒傍濟州』，考唐無濟州，蓋猶言濟上也。唐時濟上地，並屬河南道，前有《得舍弟消息》詩，近有平陰信，應即此。

至德二載甫自京金光門(一)出間[二]道歸鳳翔乾元初從左拾遺移華州掾與親故別因出此門有悲往事

此道昔歸順，西郊胡正煩[二]。至今猶[三]破膽，應有未招魂。近侍[四]歸京邑(二)，移官豈至尊。無才日衰老，駐馬望千門。

（一）《西京記》：長安西城有門三，中曰金光門。

（二）京邑，指華州。

前述歸行在之艱難，傷往也。五六言遭讒貶官之事，傷今也。末致愛君戀闕之忱，較『移官豈至尊』，不敢怨君之意，更進一層。詩人忠厚之旨，於斯見之。

【校記】

［一］間：《杜工部集》作『問』。

［二］煩：《杜工部集》《杜詩詳注》作『繁』。

［三］猶：《杜工部集》作『殘』。

［四］侍：《杜工部集》作『得』。

觀兵

北庭送壯士［一］，貔虎數尤多。精鋭舊無敵，邊隅今若何。妖氛擁白馬［二］，元帥待琱戈［三］。莫守鄴城下，斬鯨遼海波。

（一）北庭，謂吐蕃，時以五千人助討賊。

（二）白馬，南史侯景乘白馬，喻安逆也。

（三）元帥，廣平王也。琱戈，古鼎銘云：王命虎臣，賜汝琱戈。

此與李泌請併塞北直擣幽燕同旨，見公卓識。言回紇既肯助順，則邊隅之路可通，但元帥無權，必待琱戈而後征，則頓兵鄴城，豈是長策？若直指東北，覆其巢穴，則一舉蕩平矣。時九節度不相統帥，而史思明據范陽爲安慶緒聲援，公詩可謂字字中肯。

秦州雜詩[一]

州在長安西七百八十里。今爲甘肅直隸州。

滿目悲生事，因人作遠游。遲迴度隴怯（一），浩蕩及關愁。水落魚龍夜（二），山空鳥鼠秋（三）。西征問烽火，心折此淹留。

右其一，述入秦之故，末二句傷吐蕃之亂。

鼓角緣邊郡，川原欲夜時。秋聽殷地發，風散入雲悲。抱葉寒蟬靜，歸山[二]獨鳥遲。萬方同[三]一概，吾道欲[四]何之。

右其四，聞鼓角而不勝身世之感也。五六興起結意，萬方一概，幾置身無地矣。

西[五]使宜天馬，由來萬匹强。浮雲連陣没，秋草遍山長。聞説真龍種，仍殘老驌驦。哀鳴思戰鬥，迥立嚮蒼蒼。

右其五，此因見牧馬而一吐壯心也。牽合鄯城事，殊屬無謂。

莽莽萬重山，孤城石[六]谷間。無風雲出岫[七]，不夜月臨關。屬國歸何晚，樓蘭斬未還(四)。風[八]塵一[九]長望，衰颯正摧顔。

右其七，憂吐蕃之擾也，三四以奇景寫出憂邊心事。《邵氏聞見録》以無風爲塞名，不夜爲城名，遂化神奇爲腐臭。

鳳林戈未息(五)，魚海路常難(六)。候火雲烽[十]一作峰峻，懸軍幕井乾(七)。風連西極動，月過北庭寒。故老思飛將，何時議築壇。

右其十九，此憂吐蕃之亂，而思良將也。北庭，匈奴之庭也，借指回紇，言吐蕃肆擾，即回紇亦可未保也，意深思遠。

唐堯真自聖，野老復何知。曬藥能無婦，應門亦[十一]有兒。藏書聞禹穴，讀記憶仇池(八)。爲報鴛[十二]行舊，鷦鷯在一枝。

右其二十，恰好作結尾。既曰雜詩似不必皆有次第，然一起一收，自成首尾，亦非慢然也。

（一）隴，山名，一名隴坻，在隴州西。

（二）魚龍水，《水經注》：汧水有二源，一水出小隴山，出五色魚，俗以爲靈，謂是水爲魚龍水。

（三）鳥鼠同穴山，在今甘肅渭源縣。

（四）樓蘭，一曰牢蘭，即鄯善，其地在今甘肅敦煌縣西邊龍沙之西，地名色爾騰海。

（五）唐鳳林縣，屬河州，今省入河州。

（六）魚海，在吐蕃境。

（七）幕井，言軍幕之井也。引《易》「井收勿幕」無謂。

（八）仇池，今階州成縣，注詳前。

【校記】

［一］《杜工部集》《杜詩詳注》有「二十首」三字。

［二］山：《杜工部集》作「來」。

［三］同：《杜工部集》《杜詩詳注》作「聲」。

［四］欲：《杜工部集》《杜詩詳注》作「竟」。

［五］西：《杜工部集》作「南」。

［六］石：《杜工部集》作「山」。

［七］岫：《杜工部集》《杜詩詳注》作「塞」。

［八］風：《杜工部集》《杜詩詳注》作「烟」。

［九］一：《杜工部集》作『獨』。
［十］烽：《杜詩詳注》作『峰』。
［十一］亦：《杜工部集》作『幸』。
［十二］鴉：《杜工部集》作『鴛』。

送人從軍

弱水應無地（一），陽關已近天。今君度［一］沙磧，累月斷人烟。好武寧論命，封侯不記［二］年。馬寒防失道，雪没錦鞍韉。

（一）弱水，指今之張掖河。《元和志》：甘州張掖縣合黎山，俗名要塗山，在縣西北二百里。禹貢導弱水，至於合黎。神似太白。劉須溪評：五六云，意氣浩然，可以勸忠，非淺淺丈夫者。補注：陽關，《漢書》：龍勒縣有玉門陽關；《後漢書》注：二關皆在敦煌西界。按《西域圖志》，玉門關，在今敦煌縣西一百五十里；陽關，在敦煌縣西南一百三十里。

【校記】

［一］度：《杜工部記》作『渡』。
［二］記：《杜詩詳注》作『計』。

東樓

萬里流沙道，西行[一]過此[二]門。但添新戰骨，不返舊征魂。樓角凌風迥，城陰帶水昏。傳聲看驛使，送節嚮河源。

五（校者按：五應爲三）四傷往，五六粘題，結語悲今。往之死者長已矣，則今之去者爲可悲也。

【校記】

[一]行：《杜工部集》作『征』。

[二]此：《杜工部集》作『北』。

野望

清秋望不極，迢遞起層陰。遠水兼天净，孤城隱霧深。葉稀風更落，山迥日初沉。獨鶴歸何晚，昏鴉已滿林。

清迴之章，獨鶴公自況也。

遣懷

愁眼看霜露，寒城菊自花。天風隨斷柳，客泪落[一]清笳。水静[二]樓陰直，山昏塞日斜。夜來歸鳥盡，啼殺後栖鴉。

情景兼至，末亦自况語。題曰《遣懷》，顧云：却句句不能遣。

【校記】

[一]落：《杜工部集》《杜詩詳注》作『墮』。

[二]静：《杜工部集》作『净』。

天河

常時任顯晦，秋至最[一]一作轉分明。縱被微雲掩，終能永夜清。含星動雙闕(一)，伴月落邊城。牛女年年渡，何曾風浪生。

(一)含星，天河内所含之星，三十有奇。雙闕，《史記・始皇本紀》作前殿阿房，表南山之巔以爲闕，爲複道渡渭，以象天極閣道，絶漢抵營室，公因絶漢而借用之。

浦云：上四在空際，下四實拈，而戀闕之誠，逐客之感，與大隱懸中傷之不足相撓，皆躍躍毫端。按末二句，尤見公安命信道之篤，意謂吾道本坦夷也。

【校記】

[一]最：《杜工部集》作『輒』，《杜詩詳注》作『轉』。

初月

光細弦初[一]上，影斜輪未安。微升古塞外，已隱暮雲端。河漢不改色，關山空自寒。庭前有白露，暗滿菊花團。

劉須溪云：凡詩未嘗無所寄托，第不如注者之謬，又云句句欲比，何以處結句。按：王原叔謂肅宗新自外入，受蔽婦寺，公作此詩。細玩詩意，似非穿鑿。夏竦評杜，蔡夢弼注杜，皆云然。

【校記】

[一]初：《杜工部集》作『豈』。

擣衣

亦知戍不返，秋至拭清砧。已近苦寒月，况經長別心。寧辭擣衣[一]倦，一寄塞垣深。用盡閨中力，君聽空外音。

悽音苦調，用意全在數虚字，愈轉愈深，愈清愈厚，用『亦知』二字領起通篇，直是一片神行。

【校記】

[一]衣：《杜工部集》作『熨』。

夕烽

夕烽來不近(一)，每日報平安(二)。塞上傳光小，雲邊落點殘。照秦通警急，過隴自艱難。聞道蓬萊殿，千門立馬看。

(一)《唐六典·職方郎中》：掌鎮戍烽火之數，其放烽有一炬、二炬、三炬、四炬者，隨賊多少爲差。

(二)王注：唐鎮戍，每日初夜，放烟一炬，謂之平安火。

浦云：『本咏平安火，乃自平安内看出警急。言今日光小點殘，可幸無事。然惟邊將照秦知警，則蕃兵度隴斯難。結更將廟廊憂思，醒惕守者曰：「蓬萊立馬，恍見君心安不忘危之象。」足使聞者瞿然。』

空囊

翠柏苦猶食（一），明[一]霞高可餐（二）。世人共鹵莽，吾道屬艱難。不爨井晨凍，無衣床夜寒。空囊[二]恐羞澀，留得一錢看。

（一）《列仙傳》：偓佺食松柏之實。

（二）《楚辭》：漱正陽而餐朝霞。

窮況寫得瀟灑恬淡，三四即君子固窮之意。

【校記】

[一]明：《杜工部集》作『晨』。

[二]空囊：《杜工部集》《杜詩詳注》作『囊空』。

病馬

乘爾亦已久，天寒關塞深。塵中老盡力，歲晚病傷心。毛骨豈殊衆，馴良猶至今。物微意不淺，感動一沉吟。

趙次公曰：『此暗用田子方事。子方出見老馬於野，喟然問御者：此何馬也？對曰：此公家畜也，罷而不能爲用，故出而放之。子方曰：少盡其力，而老弃其身，仁者之所不爲也。命束帛贖之。』一片惻怛之心，溢於楮墨，即犬馬蓋帷之義。結二句，蔣弱六云：『貧賤患難中，祇不我弃者，便生感激，寫得真摯。』

螢火

幸因腐草出，敢近太陽飛。未足臨書卷，時能點客衣。隨風隔幔小，帶雨傍林微。十月清霜重，飄零何處歸。

諷刺顯然，黄鶴謂指李輔國輩，是也。五六喻其爲鬼爲蜮之狀，末以危詞警惕之。

蕃劍

致此自僻遠，又非珠玉裝。如何有奇怪，每夜吐光芒。虎氣必騰上（一）[一]，龍身寧久藏（二）。風塵苦未息，持汝奉明王。

（一）虎氣，《吴越春秋》：闔閭死，葬以扁諸之劍，金精上揚，白虎踞其上，號曰虎邱。

（二）『龍身』句，用雷焕豐城獄得劍之事。

浦云：借蕃劍聊一吐氣，作作有芒。

【校記】

[一]上：《杜工部集》作『趠』。

蒹葭

摧折不自守，秋風吹若何。暫時花帶[一]雪，幾處葉沉波。體弱春苗[二]苗，一作風早，叢長夜露多。江湖後摇落，亦恐歲蹉跎。

浦云：《秋雨嘆》云『涼風蕭蕭吹汝急，恐汝後時難獨立』，即此詩之旨。一二歸咎於風，中傷者急也。三四申摧折，五六原天恩之無私，作一縱。七八收轉，見終必不振，總由吹之者太刻耳。

【校記】

［一］帶：《杜工部集》《杜詩詳注》作『戴』。

［二］苗：《杜工部集》作『甲』。

苦竹

青冥亦自守，軟弱强扶持。味苦夏蟲避，叢卑春鳥疑。軒墀曾不惜［一］，剪伐欲無辭。幸近幽人屋，霜根結在兹。

王右仲云：『前言不自守，遭時之窮，此言自守，保身之哲。公於身世之間，善於審處矣。』

【校記】

［一］惜：《杜工部集》《杜詩詳注》作『重』。

月夜憶舍弟

戍鼓斷人行，邊秋[一]一雁聲。露從今夜白，月是故鄉明。有弟皆分散(一)，無家問死生。寄書常不達[二]，况乃未休兵。

(一)黄注：公二弟，一在許，一在齊。

起四不著題，而題之全神俱攝。公慣爲此等發端，是謂高格。

【校記】

[一]邊秋：《杜工部集》作『秋邊』。

[二]常不達：《杜工部集》作『長不避』，《杜詩詳注》作『長不達』。

天末懷李白(一)

凉風起天末，君子意如何。鴻雁幾時到，江湖秋水多。文章憎命達，魑[一]魅喜人過。應共冤魂語，投詩贈汨羅(二)。

（一）陸機詩：游子渺天末。

（二）《水經注》：湘水又北，汨水注之，汨水東出，經羅縣北謂之羅水，又西爲屈潭，屈原自沉於此。

前半似太白，後半沉雄壯浪，太白所不能兼也。顧氏云：五六千古傷心語，按『文章憎命達』五字，無沉痛，直爲千古才人一哭，結句以屈原放逐，與太白相似，故借作悲惋。

【校記】

［一］魑：《杜工部集》《杜詩詳注》作『魑』。

送遠

帶甲滿天地，胡爲君遠行。親朋盡一哭，鞍馬去孤城。草木歲月晚，關河霜雪清。别離已昨日，如［一］見古人情。

王西樵云：突兀悲壯，不減蕭蕭易水之歌。浦二田云：不言所送，蓋自送也。知公已發秦州，當是就道後作。

【校記】

［一］如：《杜工部集》《杜詩詳注》作『因』。

奉酬李都督表丈早春作

力疾坐清曉，來詩[一]悲早春。轉添愁伴客，更覺老隨人。紅入桃花嫩，青歸柳葉新。望鄉應未已，四海尚風塵。

仇氏云：下截申明上截。桃花柳葉，早春之景也。然歲序已更，而歸期未卜，則反添愁，倍覺老耳。總從『來詩』句，『悲』字起意，較『感時花濺泪』語，更含蓄情深。

【校記】

[一]詩：《杜工部集》作『時』。

後游

游修覺寺也。修覺山在新津縣治東南，上有寺，有絶勝亭。按，新津屬成都府。

寺憶重[一]游處，橋憐再度[二]時。江山如有待，花柳更無私。野闊[三]烟光薄，沙暄日色遲。客愁全爲減，捨此復何之！

沈云：『欣欣物自私』，物各適其性也。『花柳更無私』，物同暢其天也。隨手拈來，皆成妙諦。三四妙在絶去安排。

【校記】

[一]重：《杜工部集》作『新』。

[二]度：《杜工部集》《杜詩詳注》作『渡』。

[三]闊：《杜工部集》《杜詩詳注》作『潤』。

遣意　二首鈔其一。

囀枝黄鳥近，泛渚白鷗輕。一徑野花發[一]，孤村春水生。衰年催釀黍，細雨更移橙。漸喜交游絶，幽居不用名。

劉須溪云：三四自然，煞是好釀黍移橙，不無檢點，然於幽興亦稱。

【校記】

[一]發：《杜工部集》《杜詩詳注》作『落』。

喜雨[一]

好雨知時節，當春乃發生。隨風潛入夜，潤物細無聲。野徑雲俱黑，江船火獨明。曉看紅濕處，花重錦官城[二]。

（一）《華陽國志》：成都夷里橋南岸道西，有城，故錦官也，命曰錦里。

仇氏曰：曰潛、曰細，脉脉綿綿，寫得造化發生之機，最爲密切。一本題爲《春夜喜雨》，以首句拈動喜字全神，次句點春字，三四寫夜雨，五六用旁烘染法，結作想象語，收入喜字，而夜雨之意更□。字字含泪而出，妙是一片生機。宋人以三四解爲相業，腐而滯。

【校記】

［一］《杜工部集》《杜詩詳注》題作《春夜喜雨》。

江亭

坦腹江亭暖，長吟野望時。水流心不競，意在雲［一］俱遲。寂寂春將晚，欣欣物自私。故林歸未得，排悶强裁詩。

劉須溪云：三四閑言閑語，非喫緊不能道。又云：更無私自好，自私又好，實一意也。浦云：公時時流露道機，知其天資高妙，從性分中來，非從道學中來，從道學中來則腐矣。結語誠爲率筆，不必爲公諱，然實自五六生出，寂寂春將晚，此其悶也。欣欣物自私，而已獨歸故林不得，惟有裁詩長吟而已。或改作『江東猶苦戰，回首一顰眉』，與詩意絶不聯屬，知爲庸妄子之所改也。

【校記】

［一］意在雲：《杜工部集》《杜詩詳注》作『雲在意』。

贈别何邕

生死論交地，何由見一人。悲君隨燕雀，薄宦走風塵。綿谷原[二]通漢(一)，沱江不嚮秦(二)。五陵花滿眼，傳語故鄉春。

(一)《唐志》：綿谷縣爲利州治，今保寧府屬之廣元縣。漢，謂漢中也。

(二)按：沱自灌縣分江，大江南流，沱江東流，折而南，至瀘州注於江。

黄鶴注：何邕時爲利州綿谷縣尉，蓋與公爲鄉人，前有《憑何十一少府覓榿木栽》詩。浦注：『黄氏以邕爲綿谷尉，又謂公送嚴武至綿州詩，皆誤也。綿谷，去成都將及千里，公覓致榿木，豈千里能百根耶。又綿谷、綿州，字雖同，地實相左，安得編入綿州耶。邕蓋官於成都近境，上元二年春，公自草堂送之入京耳。』按浦説是也。

【校記】

[一]原：《杜工部集》《杜詩詳注》作『元』。

鸂鶒

水鳥也，小如鴨，毛有五采。

故使籠寬織，須知動損毛。看雲猶[一]悵望，失水任呼號。六翮曾經剪，孤飛卒未高。且無鷹隼慮，留滯莫辭勞（一）。

（一）浦云：『勞』字作『苦』字解。

自傷自慰，情見乎詞，《江頭五咏》之二。

【校記】

［一］猶：《杜工部集》作『莫』。

花鴨

花鴨無泥滓，階前每緩行。羽毛知獨立，黑白太分明。不覺群心妒，休牽衆眼驚。稻粱沾汝在，作意莫先鳴。

江頭五咏之三，此首則自警也。浦云：先儒每於困頓流離中，煉出身心學問，此詩庶有合焉。公進《雕賦表》，『雖不能鼓吹六經，先鳴諸子』，『先鳴』字意，雖與此不同，然先人之意固在也。至此引以爲戒，進乎道矣。

屏跡 三首鈔其一。

用拙存吾道，幽居近物情。桑麻深雨露，燕雀半生成。村鼓時時急，漁舟個個輕。杖藜從白首，心跡喜雙清。

浦云：有静觀自得之妙，心跡雙清，關鎖既緊，亦復瀟灑出塵。詩意一二精微，三四深厚。

奉濟驛重送嚴公[一] 郭知達本注：駉去綿州三十里。

送遠[二]從此別，青山空復情。幾時杯重把，昨夜月同行。列郡謳歌惜，三朝出入榮(一)。江村獨歸處，寂寞養殘生。

(一)三朝，元、肅、代也。

公在蜀依嚴武爲命，故其詞如此。起結悽惋欲絶，第三後面莫期，已難爲情，第四真不堪回首。杜與嚴交情，即此可見，而武欲殺公之説，足見其誣矣。

【校記】

[一]《杜工部集》《杜詩詳注》題作《奉濟驛重送嚴公四韻》。

[二]送遠：《杜工部集》《杜詩詳注》作『遠送』。

客亭

秋窗猶曙色，木落[一]更天[二]風。日出寒山外，江流宿霧中。聖朝無弃物，老[三]病已成翁。多少殘生事，飄零任[四]轉蓬。

沈云：五六視『不才明主弃』，用意何如？

【校記】

[一]木落：《杜工部集》《杜詩詳注》作『落木』。

[二]天：《杜詩詳注》作『高』。

[三]老：《杜詩詳注》作『衰』。

[四]任：《杜工部集》作『似』。

有感五首

將帥蒙恩澤，兵戈有歲年。至今勞聖主，何以報皇天。白骨新交戰，雲臺舊拓邊〔一〕。乘槎消息斷〔二〕[一]，無處問[二]張騫。

幽薊餘蛇豕，乾坤尚虎狼。諸侯春不貢，使者日相望。慎勿吞青海，無勞問越裳。大君先息戰，歸馬華山陽。

洛下舟車入，天中貢賦均。日聞紅粟腐，寒待翠華春。莫取金湯固〔三〕，長令宇宙新。不過行儉德，盜賊本王臣。

丹桂風霜急，青梧日夜凋〔四〕。由來强幹地，未有不臣朝。受[三]鉞親賢往，卑宫制詔遥。終依古封建，豈獨聽簫韶。

胡[四]滅人還亂，兵殘將自疑〔五〕。登壇名絶假，執玉[五]爾何遲。領郡輒無色，之官皆有詞〔六〕。願聞哀痛詔，端拱問瘡夷〔七〕。

〔一〕舊拓邊，猶言舊境也。

〔二〕星槎泛言，不定指西域。庾肩吾《奉使江州》詩：『漢使俱爲客，星槎共逐流。』

〔三〕金湯，指洛都也。

〔四〕丹桂喻王室，青梧喻宗藩。

（五）疑者，諸將有賊平失寵之疑也。

（六）時藩臣權重，刺史失職，故五六切言之。

（七）問瘡夷，欲朝廷復刺史舊制，得以休息殘黎也。

黄鶴謂首章指吐蕃，浦注非之，謂五章皆指藩鎮，首章特總領大旨耳。按首章雖似指西域，但與下四章不倫，且下章各有指陳，而此章徒付浩嘆，亦屬不類，則浦説爲長。舊拓邊，謂河北地皆朝廷舊疆，而星槎之聲教不通矣。以下四章，皆示以根本切要之謀，次章欲其詰戎兵以弭寇患，三四狀藩鎮之驕横，五六以襯筆起結意，言無事荒遠之域，當先除腹心之患，息戰歸馬，諷其姑息也。三章欲其行節儉以銷逆亂也。四章時關中百姓乏食，有遷東都之議，故前四述所聞，似欣望之詞，但根本撥弃，則人心動摇，故後四則諷以謹守舊都，行儉德而盗賊自服矣。五章乃强幹弱枝之計，五章乃息民固本之圖，雖屬韻話，而吁謀碩畫，無異名臣奏疏。《杜臆》：讀此五詩，自許稷契，洵非虚語，知言哉。

【校記】

［一］消息斷：《杜工部集》《杜詩詳注》作「斷消息」。

［二］問：《杜工部集》《杜詩詳注》作「覓」。

［三］受：《杜詩詳注》作「授」。

［四］胡：《杜工部集》作「盗」。

［五］執玉：《杜工部集》《杜詩詳注》作「報主」。

送元二適江左　公自注：元結也。

亂後今相見，秋深復遠行。風塵爲客日，江海送君情。晋室丹陽尹，公孫白帝城（一）。經過自愛惜，取次莫論兵。

（一）晉丹陽郡，即今江寧府，晉元都此，故置尹。夔州白帝城，公孫述所築。

劉須溪曰：戒其經過論兵，豈非藩鎮節度，有難言者乎。此等結語，熟味最是深厚。《心解》：丹陽尹，白帝城，喻當時藩鎮跋扈。竊不謂然，丹陽即江左，白帝在夔州，不過以自此之彼，括其中間經過之地耳。

王命

漢北豺狼滿，巴西道路難。血埋諸將甲，骨斷使臣鞍（一）。牢落新燒棧（二），蒼茫舊築壇。深懷喻蜀意，痛[一]哭望王官。

（一）朱注：廣德元年，李之芳、崔倫往聘，吐蕃留不遣。

（二）《唐書》：上元二年，奴剌、党項寇寶鷄，燒大震關。

末望王官，此王命標題之意。第六句欲其委任宿將也，尤詩中喫緊處。

【校記】

[一]痛：《杜工部集》《杜詩詳注》作『慟』。

西山三首

西山，即松、維等州諸山。松州注見上方，維今雜谷廳，在茂州西，直大小金川北。

夷[一]界荒山頂，蕃州積雪邊。築城依白帝(一)，轉粟上青天。蜀將分旗鼓，羌兵助鎧鋋[二]。西南背和好，殺氣日相纏。

辛苦三城戍(二)，長防萬里秋。烟塵侵火井，雨雪閉松州(三)。風動將軍幕，天寒使者裘。漫山賊營壘，回[三]首得無憂。

子弟猶深入，關城未解圍。蠶崖鐵馬瘦(四)，灌口米船稀。辨[四]士安邊策，元戎決勝威。今朝烏鵲喜，欲報凱歌歸。

(一)黄希曰：白帝，西方之帝也。舊引夔州白帝城，非。

(二)三城，浦云：當在松、維、保三州之界。

(三)松，今松潘廳，在四川龍安府北邊外。

(四)《唐志》：導江縣有蠶崖關。按：導江縣爲今四川灌縣，其地在成都府西五十里。《元和志》：蠶崖關，在導江縣西北四十七里。

三首皆因蜀地吐蕃侵擾而作，三章相銜而下，末特作期望之詞以結之。補注：王伯厚云：子美詩用三奇戍，在彭州之導江縣，而誤改曰三城。按《九域志》『導江有唐興三鎮』，或其地輿，但本詩云『雨雪閉松州』，灌縣去松潘尚遠，則所戍守，或別有三城，在松維之界，亦未可知也。

【校記】

[一]夷：《杜工部集》作『彝』。

[二]鎧鋋：《杜工部集》作『井泉』。

[三]回：《杜詩詳注》作『迴』。

[四]辨：《杜工部集》作『辯』。

涪江泛舟送韋班歸京(一)

追餞同舟日，傷春一水間。飄零爲客久，衰老送[一]君還。花遠[二]重重樹，雲輕處處山。天涯故人少，更益鬢毛斑。

(一)涪江，出松潘北偏東之小分水嶺，至重慶府合州入大江。按：涪江經潼川府治三臺縣界，時公在梓州。

三四黯然，久客者知之，五六别緒在言外，王摩詰曾繪爲圖。

【校記】

[一]送：《杜工部集》《杜詩詳注》作『羡』。

[二]遠：《杜詩詳注》作『雜』。

送弟[一]潁赴齊州

三首鈔二。齊州，今濟南府。按：詩内用『徐關』字，則齊州亦泛指齊地耳。

岷嶺南蠻北，徐關東海西（一）。此行何日到，送汝萬行啼。絶域惟高枕，秋[二]風獨杖藜。危時[三]暫相見，衰白意都迷。

諸姑今海畔，兩弟亦山東。去防[四]干戈密[五]，來看道路通。短衣防戰地，匹馬逐秋風。莫作俱流落，長瞻碣石鴻（二）。

（一）《方輿紀要》：徐關，在淄川縣西，左，齊侯自徐關入。

（二）碣石，在齊東北海中。《水經注》謂：淪於海，廣絶交論，軼歸鴻於碣石。

質朴深至。公入蜀，惟弟占相從，潁殆特來探兄耳，故有『危時暫相見』之語。次章結句，謂莫如己之淪落，欲其寄書以慰懸注之思耳。

【校記】

[一]弟：《杜工部集》《杜詩詳注》作『舍弟』。

[二]秋：《杜工部集》《杜詩詳注》作『清』。

[三]危時：《杜詩詳注》作『時危』。

[四]防：《杜工部集》《杜詩詳注》作『傍』。

[五]密：《杜工部集》《杜詩詳注》作『覓』。

旅夜書懷[一]

細草微風岸，危檣獨夜舟。星垂平野闊，月涌大江流。名豈文章著，官因[二]老病休。飄飄何所似，天地一沙鷗。

三四雄渾，五六深婉。沈云：胸懷經濟，故云『名豈文章著』，官以論事罷，而曰『官因老病休』，其立言之妙如此。

【校記】

[一]《杜詩鈔》題目及目録爲《放船》，内容爲《旅夜書懷》，暫改之。

[二]因：《杜工部集》《杜詩詳注》作『應』。

懷錦水居止二首

軍旅西征僻，風塵戰伐多。猶聞蜀父老，不忘舜謳歌。天險終難立[一]，柴門豈重過。朝朝巫峽水，遠逗錦江波。

萬里橋西[一]宅[二]，百花潭北莊。層軒皆面水，老樹飽經霜。雪嶺界天白，錦城曛日黄。惜哉形勝地，回首一茫茫。

（一）『立』字，浦注作『定』字解，是。

（二）《元和志》：成都縣萬里橋，在縣南八里。蜀使費禕聘吴，諸葛祖之。禕嘆曰：萬里之路，始於此。橋因以名。

時吐蕃内侵，揚子琳等起兵討崔旰。公蓋傷之，雖云懷居止，而實悲時亂也。前首前四句，因兵亂以望太平，第六句著題，結句『懷』字寫得渾脱。次首前四句實括居止，後四句仍歸時事，回環成章法。

【校記】

［一］西：《杜工部集》作『南』。

灔澦堆　在夔城東瞿唐峽口江心。

巨石［一］水中央，江寒出水長。沉牛答雲雨（一），如馬戒舟航（二）。天意存傾覆，神功接混茫。干戈還［二］解纜，行止憶垂堂。

（一）雲雨，言其有神也。

（二）諺云：灔澦如象，瞿唐莫上，灔澦如馬，瞿唐莫下。峽人以此爲水候。

通首意緒相銜而下，三四雖根起二實寫，然已培五六之根，第五根第四，第六根第三，以起結意，局法渾成。

【校記】

[一]石：《杜工部集》作『積』。

[二]還：《杜工部集》《杜詩詳注》作『連』。

中宵

西閣百尋餘，中宵步綺疏。飛星過水白，落月動沙虛。擇木知幽鳥，潛波想巨魚。親朋滿天地，兵甲少來書。

三四幽細，五六義兼比興，恰好引動結意。浦詮：五六句云人自善全，物自多感，故同此寂寞，而志趣不侔，與『感時花濺泪，恨别鳥驚心』，翻轉出奇，可悟文心之變，不徒以『知』字、『想』字，鈎畫夜景爲佳也。

江上

江上日多雨，蕭蕭荆楚秋。高風下木葉，永夜攬貂裘。勛業頻看鏡，行藏獨倚樓。時危思報主，衰謝不能休。

沈云：欲建勛業，而鏡中之髮已白，或行或藏，倚樓時不勝躊躇顧慮也，末作轉語，猶見壯懷激烈。《後山詩話》：裕陵嘗觀子美詩，至『勛業頻看鏡，行藏獨倚樓』，謂甫之詩，皆不迨此。按此論所見甚淺。

暮春還[一]瀼西新賃草堂(一)[二]　五首鈔其三。

彩雲陰復白，錦樹曉來青。身世雙蓬鬢，乾坤一草亭。哀歌時自惜[三]，醉舞爲誰醒。細雨荷鋤立，江猿吟翠屏。

(一)《元豐九域志》：夔州奉節縣，有東瀼水。《方輿紀要》：大瀼水，在府城東，自達州萬頃池流經此，入大江，又東瀼水，在府東十里。

不勝身世之感。乾坤一草亭，謂若大乾坤，栖身止此一草亭耳，舊注多求奇，失之。結句以猿吟增其悲，浦目爲排遣之詞，亦非也。陸時雍，於杜詩多所詆排，一庸妄子耳，至評「乾坤一草亭」句，謂乾坤自大，雖瑶臺十層，於乾坤何際。此等語真瞽説矣。

【校記】

[一]還：《杜工部集》《杜詩詳注》作「題」。

[二]堂：《杜工部集》《杜詩詳注》作「屋」。

[三]惜：《杜工部集》作「短」。

月

四更山吐月，殘夜水明樓。塵匣元開鏡，風簾自上鈎。兔應疑鶴髮，蟾亦戀貂裘。斟酌姮娥寡(一)，天寒耐[一]一作奈九秋。

（一）楊用修曰：月中嫦娥，説始淮南，其實因常儀而誤，古者常儀占月，乃官名。按：古儀娥一音。

起手東坡嘆爲絶唱，三四申明起意，結句以姮娥自喻自傷，非輕薄語也。

【校記】

[一]耐：《杜工部集》《杜詩詳注》作『奈』。

五弟豐獨在江左近三四載寂無消息覓使寄此[一]

聞汝依山寺，杭州定越州（一）。風塵淹別日，江漢失清秋。影著啼猿樹，魂飄結蜃樓（二）。明年下春水，東盡白雲求。

（一）越州，今紹興府。

（二）《天官書》：海旁蜃氣象樓臺。

定者，不定之詞也。三四相銜而下，因風塵而淹別，以淹别而江漢之時序屢更矣。身雖著此，而魂已馳彼，遂欲東下而尋之也。曰『東盡白雲求』，卒不知其果在何處，收入前『定』字意。

【校記】

[一]《杜工部集》《杜詩詳注》此詩題目作《第五弟豐獨在江左近三四載寂無消息覓使寄此二首》，此爲其二。

洞房

洞房環佩[一]冷，玉殿起秋風。秦地應新月，龍池滿舊宫(一)。繫舟今夜遠，清漏往時同。萬里黄山北，園陵白露中(二)。

(一)《唐會要》：明皇在藩邸居興慶里，有龍池涌出，開元中爲興慶宫。

(二)《元和志》：漢黄山宫，在興平縣西南三十里。按：武帝茂陵在黄山東北，蓋借比玄宗泰陵也。

仇滄柱云：此與《秋興》諸詩，撫時感事，有關治亂興亡，寄托最爲深遠。邵子湘云：《洞房》數章，皆追憶開元天寶時事，語含諷刺而不露，得小雅詩人之遺。浦二田云：趙注，此下八章，皆一時所作。按：每首皆摘首二字名篇，即公無題詩也。公之無題，皆追憶明皇事，與義山不同，《洞房》爲八詩總意，下三章，皆舊宫往事之樂事也；後三章，則今地往時之慘事也；末章以正論收之，位置必不可紊。繫樂事於慘事之前，以著致亂之由，垂戒深矣。

【校記】

[一]佩：《杜工部集》作『珮』。

宿昔

宿昔青門裏，蓬萊仗數移。花嬌迎雜樹，龍喜出平池。落日留王母，微風倚少兒〔一〕。宮中行樂秘，少有外人知。

〔一〕王母，用《漢武内傳》：少兒，衛子夫之次姊，子夫漢武立爲后，少兒即通霍仲孺生去病者，後爲陳掌妻。

黄白山云：略見諷刺，然其詞微而婉，若禄山宫裏，虢國門前之句，全失風人之義矣。三四正狀荒侈之意，五六諷刺顯然，得結句飏開，化去多少痕跡。此等詩義山之祖。

能畫

能畫毛延壽〔一〕，投壺郭舍人〔二〕。每蒙天一笑，復似物皆春。政化平如水，皇明〔一〕一作恩斷若神。時時用抵戲〔三〕，亦未雜風塵。

〔一〕《西京雜記》：杜陵畫工毛延壽，善爲人形，必得其真。

〔二〕郭舍人，見《漢書·東方朔傳》，其善投壺，亦見《雜記》。

〔三〕《武帝紀》：作角抵戲，文穎曰：『兩兩相當角力』。蓋如今之相撲。

洪容齋《三筆》云：『杜詩命意用事，旨趣深遠。如《能畫》詩第三聯，似與前語不相貫穿，然按其旨，本謂伎藝倡優，不應蒙人主顧盼賞接，然使化如水，恩若神，爲治大要無損，則時或用此輩，亦無害也。』按：末句非竟謂此輩無害，特不至播遷流離耳，措語正有分寸。

【校記】

[一]明：《杜工部集》作『恩』。

鬥鷄

鬥鷄初賜錦〔一〕，舞馬解〔一〕登床〔二〕。簾下宫人出，樓前御曲〔二〕長。仙游終一秘〔三〕，女樂久無香。寂寞驪山道，清秋草木黄。

（一）《東城父老傳》：玄宗立鷄坊，選六軍小兒五百人馴飼之。帝出見賈昌弄木鷄，召爲小兒長，金帛之賜日至。

（二）《明皇雜記》：令教舞馬四百匹，每千秋節，舞於勤政樓下。

黄白山云：第五句是通盤一大節關，蓋不以荒宴直接播遷，徑及駕崩之感，則有傷痛而無譏刺，是温柔敦厚之遺教也。按：播遷意，已從上首反面透出，此則徑述弓劍之悲，下二章追叙喪亂之禍，即其各章位置觀之，亦極波瀾起伏之妙。

【校記】

[一]解：《杜工部集》《杜詩詳注》作『既』。

［二］曲：《杜工部集》作『柳』。

［三］秘：《杜工部集》《杜詩詳注》作『閟』。

歷歷

歷歷開元事，分明在眼前。無端盜賊起，忽已歲時遷。巫峽西江外，秦城北斗邊。爲郎從白首〔一〕，卧病數秋天。

（一）《漢紀》：馮唐白首，屈於郎署。公爲尚書員外郎，故借以自况。

歷歷分明，恰好是上章接法，無端又妙，隱該天寶間多少事跡，五六起結意，因爲郎以伸故主之思。浦云：將亂端竟接開元，閣起天寶，亦非元白輩所曉。按：前二章即天寶致亂之由，却用『無端』二字隱起，令人尋繹自得之。

洛陽

洛陽昔陷没，胡馬犯潼關。天子初愁思，都人慘别顔。清笳去宫闕，翠蓋出關山〔一〕。故老仍流涕，龍髯喜〔二〕再攀。

（一）去宫闕，賊去西京也。出關山，上皇返駕也。

此章直叙陷京幸蜀事，末則幸明皇之復國也。

【校記】

［一］喜：《杜工部集》《杜詩詳注》作『幸』。

驪山

驪山絶望幸，花萼罷登臨。地下無朝燭（一），人間有賜金。鼎湖龍去遠，銀海雁飛深（二）。萬歲蓬萊日，常［一］懸舊羽林（三）。

（一）朝燭，當音朝覲之朝。

（二）銀雁，《漢書·劉向傳》：秦始皇帝葬於驪山之阿，下錮三泉，水銀爲江海，黄金爲鳧雁。

（三）趙注：羽林軍，護陵寢者。

浦二田云：《洞房》結句云『園陵白露中』，是首章總統言哀之語，此章正咏園陵，蓋傷之也。按首章啓其緒，此章竟其終，完明皇事，末乃以正論結之，起二句又恰好接上，直將上皇居西内不懌情事隱括之。

【校記】

［一］常：《杜工部集》《杜詩詳注》作『長』。

提封

提封漢天下〔一〕，萬國尚同心。借問懸軍〔一〕守，何如儉德臨？時徵俊乂入，莫慮〔二〕犬羊侵。願戒兵猶火，恩加四海深。

（一）提封，《漢書·東方朔傳》：提封頃畝。注：謂提舉四封之内，總計其數也。

蔣弱六云：此章直如奏疏，皆暗對玄宗，隐爲後戒，以此結前數章，最爲深切。浦云：起勢雄渾，下言往事可鑒，黷武而邊釁開，窮奢而戎心啓，使當日進用忠良，則戢兵行儉，亂何自生，意收天寶，語告時君，勤懇之誠如揭。

【校記】

〔一〕軍：《杜工部集》《杜詩詳注》作「車」。

〔二〕莫慮：《杜工部集》作「草竊」。

鸚鵡

鸚鵡含愁思，聰明憶别離。翠衿渾短盡，紅嘴慢〔一〕多知。未有開籠日，空殘舊宿枝。世人憐復損，何用羽毛奇？

顧修遠云：此詩分明才人失路，托身異域之感。

【校記】

[一]慢：《杜詩詳注》作『漫』。

孤雁

孤雁不飲啄，飛鳴聲念群。誰憐一片影，相失萬重雲。望盡似猶在[一]，哀多如更聞。野鴉無意緒，鳴噪自[二]紛紛。

此亦思弟之詞。

【校記】

[一]在：《杜工部集》《杜詩詳注》作『見』。

[二]自：《杜詩詳注》作『亦』。

熟食日示宗文宗武[一]　公之二子。

消渴游江漢[二]，羈栖尚甲兵。幾年逢熟食，萬里逼清明。松柏邙[一]山路[三]，風花白帝城。汝曹催我老，回首淚縱横。

（一）熟食，即寒食節。

（二）消渴，泛言病耳。

（三）《元和志》：北邙山在偃師縣北二里，西自洛陽，界東入鞏縣界。按：公先壟在偃師。

此等詩，詞顯情深，不須詮解，而味之無極至矣。

【校記】

［一］邙：《杜工部集》作『邛』。

喜觀即到復題短篇　二首鈔其一。前有《得舍弟觀書》一首，故云復題。

巫峽千山暗，終南萬里春。病中吾見弟，書到汝爲人。意答兒童問，來經戰伐新。泊船悲喜後，款款話歸秦。

第二句埋結句之根，三四驚喜極至之詞。第五句，黄白山云：開書之時，其子在旁，詢叔動定，且答且讀，此解最能傳神。第六句，即書中語。結句預擬見面後商量，正爲『即到』二字，作一倒撲，妙絶。

秋野二首

秋野日疏蕪，寒江動碧虚。繫舟蠻井絡，卜宅楚村墟。棗熟從人打，葵荒欲自鋤。盤飧老夫食，分減及溪魚。

仁民愛物之忱，随在流出。

易識浮生理，難教一物違。水深魚極樂，林茂鳥知歸。衰[一]老甘貧病，榮華有是非。秋風吹几杖，不厭此[二]山薇。

有理趣而無腐語，惟公能。

【校記】

[一]衰：《杜工部集》作『吾』。

[二]此：《杜詩詳注》作『北』。

日暮

牛羊下來久，各已閉柴門。風月自清夜，江山非故園。石泉流暗徑[一]，草露滴秋根。頭白燈明裏，何須花燼繁。

三四淡而悲，游子不堪多讀。末以無聊賴之語結之，彌形愁緒。

【校記】

[一]徑：《杜工部集》《杜詩詳注》作『壁』。

夜

絶岸風威動，寒房燭影微。嶺猿霜外宿，江鳥夜深飛。獨坐親雄劍，哀歌嘆短衣（一）。烟塵繞閶闔，白首壯心違。

（一）寧戚飯牛歌：南山粲，白石爛，短布單衣適至骭，長夜漫漫何時旦。

前景後情，意緒相銜而下，此五律之矩矱也。

遠游

江闊浮高棟，雲長出斷山。塵沙連越巂（一），風雨暗荆蠻。雁矯銜蘆内，猿啼失樹［一］間。敝裘蘇季子，歷國未知還。

（一）越巂，漢郡，今爲廳，在四川大渡河南。塵沙，蓋指南詔之侵擾也。

此殆初出峽之荆州時作，三四縈繞而下，五六以比體起結意，情悲而調響。

【校記】

［一］樹：《杜工部集》《杜詩詳注》作『木』。

歸雁

聞道今春雁，南歸自廣州。見花辭漲海（一），避雪到羅浮（二）。是物關兵氣，何時免客愁。年年霜露隔，不過五湖秋（三）。

（一）謝承《後漢書》：交趾七郡，土獻皆從漲海出入。

〔二〕羅浮山，在今廣東惠州府博羅縣。《元和志》：「博羅縣，羅浮山，在縣西北二十八里。羅山之西有浮山，蓋蓬萊之一阜。浮海而至，與羅山並體，故曰羅浮。」

〔三〕五湖，謂洞庭也。

錢箋：《唐會要》：大曆二年，嶺南節度徐浩，奏十一月當管懷集陽雁來，乞編入史。先是五嶺之外，朔雁不到，浩以爲雁隨陽，臣歸君之象也。史稱浩貪而佞，公蓋深譏之。浦云：三四今春之歸，雖辭極南之漲海，而去秋之來，已曾到嶺表之羅浮，兩句作一順一逆勢，五六全無依傍，直下斷語，老氣無敵，七八據常理反剔而醒，筆筆矯變。第五句，非憑空直下斷語，蓋物以反常爲妖，公故據理而斥其不祥，是時河北拒命，雁自北反常而極南，故斷其主兵也。《杜臆》云：禽鳥得氣之先，後果有潭州臧玠、桂州朱濟時之亂。此與邵子洛陽橋聞杜鵑無異。

江漢

江漢思歸客，乾坤一腐儒。片雲天共遠，永夜月同孤。「落日」心猶狀，秋風病欲蘇〔二〕。古來存老馬〔一〕，不必取長途。

〔一〕《韓非子》：老馬之智可用。

公猶有用世之意，故至江陵而思北歸也。落日喻也，猶言桑榆暮景也。

【校記】

[一]蘇：《杜工部集》作『疏』。

重題

前有《哭尚書李之芳》五排一首。

涕灑[一]不能收，哭君餘[二]白頭。兒童相識[三]盡，宇宙此生浮。江雨銘旌濕，湖風井徑秋(一)。還瞻魏太子，賓客減應劉(二)。

(一)鮑照《蕪城賦》：井徑滅兮邱壟殘。

(二)原注：李公薨於太子賓客。

次句搭入己身，三四直爲老景窮途一慟，五六轉入正面設色，結句一往情深。浦云：太子既以客減爲傷，則舊交益以友亡增痛，恰與上截關生。

【校記】

[一]灑：《杜工部集》《杜詩詳注》作『洒』。

[二]餘：《草堂先生杜工部詩集》《杜工部集》《杜詩詳注》作『余』。

[三]識：《草堂先生杜工部詩集》作『顧』。

泊岳陽城下

今岳州府城，在洞庭湖邊。

江國逾千里，山城近[一]百層。岸風翻夕浪，舟雪灑寒燈。留滯才難盡，艱危氣益增。圖南未可料，變化有鯤鵬。

讀《江漢》詩，知公壯懷未已，則此詩非聊作豪語以自快也。

【校記】

[一]近：《杜工部集》作「僅」。

登岳陽樓

《岳陽風土記》：岳陽樓，城西門樓也，下瞰洞庭。

昔聞洞庭水，今上岳陽樓。吴楚東南坼，乾坤日夜浮(一)。親朋無一字，老病有孤舟。戎馬關山北，憑軒涕泗流。

(一)吴起對魏武侯曰：昔者三苗所居，左彭蠡之波，右洞庭之水。可以詁第三句。《水經注》：洞庭廣圓五百里，日月出没其中。可以證第四句。

劉須溪云：『五六氣壓百代，爲五言雄渾之絶。下兩句略不用意，而情景適等。』唐子西云：『過岳陽樓，觀子美詩，不過四十字耳，氣象閎放，涵蓄深遠，殆與洞庭争雄。』按：位置之妙，在第一句，以下全不費手，使與下句倒轉，則又似咏湖非登樓矣。三四根首句，寫洞庭氣概。然一『坼』字，已有荒遠蕩析之意；一『浮』字，即具飄流無著之情。五六即從此出。劉須溪所謂『情景適等』者，謂此也。而其所以蕩析飄流者，則以戎馬之故，不覺北望而灑涕也。又妙以『憑軒』字，收入登樓，雄闊之章，詩律之細如此。

歸夢

道路時通塞，江山日寂寥。偷生惟一老，伐叛已三朝。雨急青楓暮，雲深黑水遥(一)。夢魂[一]歸未得，不用楚辭招。

(一)趙次公注：楚地多楓，此言南下之景。黑水在鄠杜之間，去長安爲近。《水經注》：渭水東北徑黄山宫南，就水與黑水合，北流注於渭。按：《水道提綱》：黑水二源，合流經盩厔縣城東南北入渭。

浦云：黑水勿粘看，惟在夢中，故言黑。然玩一『遥』字，究以上方趙注爲是。

前四句寫不得歸之况，五六寫夢結句，言夢亦不得歸，是又透過一層也。

【校記】

[一]魂：《杜工部集》作『歸』。

宿白沙驛

公自注：初過湖南五里。

水宿仍餘照，人烟復此亭。驛邊沙舊白，湖外草新青。萬象皆春氣，孤槎自客星。隨波無限景[一]一作月，的的近南溟。

前三句挨題順入，第四句逗出春字，五六以萬象皆春，形出一身之孤，情景悽絶，末云『的的近南溟』，去北益遠，而歸期幾永絶矣。讀之倍難爲懷。

【校記】

[一]景：《草堂先生杜工部詩集》《杜工部集》《杜詩詳注》作『月』。

祠南夕望

湘夫人祠。

百丈牽江色(一)，孤舟泛日斜。興來猶杖屨，目斷更雲沙。山鬼迷春竹，湘娥倚暮花。湖南清絶地，萬古一長嗟。

(一)王注：百丈，牽船索也，連竹爲之。

浦云：黄生謂如見靈均所賦，妙有微會，蓋『山鬼』『湘娥』，皆屈賦寓言，今於『夕望』『清絶』之餘，恍然遇之。此日之含情，即當年之托興，故曰『万古一長嗟』，不如此會，結便索然。王漁洋云：何大復多學子美此種。

野望

納納乾坤大(一)，行行郡國遥。雲山兼五嶺(二)，風壤帶三苗。野樹侵江闊，春蒲長雪消。扁舟空老去，無補聖明朝。

(一)裴遜之詩：納納江海深。

(二)五嶺從東而西，曰大庾嶺、騎田嶺、都龐嶺、萌渚、越城嶺。湖南南面據三嶺，騎田在郴州南，都龐一名揭陽，在永明縣北，萌渚一名白芒，在江華縣西。

風格高健，情與景兼。

入喬口

公自注：長沙北界。黄鶴注：《唐志》：潭州有喬口鎮兵。

漠漠舊京遠，遲遲歸路賒。殘年傍水國，落日對春華。樹蜜早蜂亂，江泥輕燕斜。賈生骨已朽，悽惻近長沙。

發端直注結句，意遠神悽，三四則景中人也，五六微爲點綴，末因賈生自嘆爲結。浦謂前祇叙事寫景之文，亦鹵莽論斯詩矣。

發潭州

黄注：自潭之衡時作。

夜醉長沙酒，曉行湘水春〔一〕。岸花飛送客，檣燕語留人。賈傅才何[一]有，褚公書絶倫〔二〕。名高[二]前後事，回首一傷神。

〔一〕湘水，《元和志》：長沙縣，湘水自衡山縣流入。

〔二〕《唐書》：褚遂良工隸楷，諫立武昭儀，左遷潭州都督。

三四，洪仲所謂托物見人者也。蓋至此知已無人矣。因思在昔貶此之名賢，回首一慟，洪所謂借人形己者也。

【校記】

[一]何：《草堂先生杜工部集》《杜工部集》《杜詩詳注》作『未』。

[二]名高：《杜工部集》作『高名』。

七律

題張氏隱居[一]

春山無伴獨相求，伐木丁丁山更幽。磵[二]道餘寒歷冰雪，石門斜日到林邱[三]。不貪夜識金銀氣(一)，遠害朝看麋鹿游。乘興杳然迷出處，對君疑是泛虛舟。

(一)王洙注：天官書，敗軍敗國之墟，下積金寶，上皆有氣，今詩謂不貪，故夜識其氣也。

中涵道氣，妙在清迥無腐氣。

【校記】

[一]《杜工部集》作『題張氏隱居二首』，此選其一。

[二]磵：《杜工部集》《杜詩詳注》作『澗』。

[三]邱：《杜工部集》《杜詩詳注》作『丘』。

送鄭十八虔貶台州司户傷其臨老陷賊之故闕爲面别情見乎[一]詩

鄭公樗散鬢如[二]絲，酒後常稱老畫師。萬里傷心嚴遣[三]日，百年垂死中興時。蒼黄[四]已就長途往，邂逅無端出餞遲。便與先生應永訣，九重泉路盡交期。

盧德水云：此詩萬轉千迴，清空一氣，純是泪點，都無墨痕。在七言律中尤難，末竟作永訣之詞，詩到真處，不嫌其直而且盡也。

【校記】

[一]乎：《杜工部集》作『于』，《杜詩詳注》作『於』。

[二]如：《杜工部集》《杜詩詳注》作『成』。

[三]遣：《杜工部集》《杜詩詳注》作『譴』。

[四]黄：《杜工部集》《杜詩詳注》作『惶』。

紫宸殿退朝口號

《六典》：内朝正殿也。

户外昭容紫袖垂，雙瞻御座引朝儀[一]。香飄合殿春風轉，花覆千官淑景移。晝漏稀[二]聞高閣報，天顔有喜近臣知。宫中每出歸東省[三]，會送夔龍集鳳池。

（一）《文昌雜録》：唐制，天子坐朝，宫人引至殿上，天祐間始罷。按：此係内朝之制。

（二）東省，門下省，公官左拾遺，東省官也。鳳池在中書省，中書在西，結句謂自門下而集中書，就政事堂見宰相也。

張綖《杜詩通》注：此内殿也，故所咏皆宫中景，與大明宣政自别。按：公有大明宫早朝詩，『五夜漏聲催曉箭』是也。有宣政殿退朝詩，『天門日射黄金榜』是也。並此而三，並歡愉之詞，此尤藴藉而露忠愛之忱，故止鈔此首。或謂含元殿爲外朝，宣政爲中朝，紫宸爲内朝，非也。按《唐六典》：宫城在皇城之北。南面三門：中曰承天，蓋古之外朝也；其北曰太極門，其内曰太極殿，朔望坐而視朝，蓋古之中朝也；次北曰朱明門，又北曰兩儀門，其内曰兩儀殿，常日聽朝視事，蓋古之内朝也。又云大明宫，在禁苑之東南。南面五門：正南曰丹鳳門，内正殿曰含元殿；其北曰宣政門，内曰宣政殿（許按：唐宣政殿謂之衙，衙有仗，紫宸便殿也。朔望不御宣政而御紫宸，則唤仗入閤，謂之入閤。《五代史》，閤作閣）；宣政殿前東廊曰日華門，東門下省，宣政殿前西廊曰月華門，門西中書省，宣政之左曰東上閤，右曰西上閤；宣政北曰紫宸門，其内曰紫宸殿，即内朝正殿也；殿之北曰元武門。又考《雍録》，唐有三大内：大極宫在西，曰西内；大明宫在東，曰東内；别有興慶宫，號南内。三内更受朝，而大明最數。據此二説，則唐仿古三朝之制，自在西内，而紫宸亦曰内朝正殿者，蓋東内臨御最數，對含元、宣政而言，故亦曰内朝。然止曰内朝，較兩儀殿稱古之内朝者有别矣。

【校記】

［一］稀：《草堂先生杜工部詩集》作『聲』，《杜工部集》作『希』。

題省中院壁

掖垣竹埤梧十尋〔一〕，洞門對霤〔二〕常陰陰〔二〕。落花游絲白日静，鳴鳩乳燕青春深。腐儒衰晚謬通籍，退食遲迴〔三〕違寸心。衮職曾無一字補，許身愧比雙南金〔三〕。

（一）蔡注：垣埤皆墻也，高曰垣，低曰埤。
（二）洞門，師注：謂門之相當也。
（三）古詩：『美人贈我绿綺琴，何以報之雙南金。』

張惕庵綖云：白日静，慨素餐也；青春深，悲時邁也。二句景中有情，故直接下半。

【校記】

〔一〕雷：《草堂先生杜工部詩集》作『雪』。
〔二〕迴：《草堂先生杜工部詩集》作『回』。

曲江二首

一片花飛減却春，風飄萬點正愁人。且看欲盡花經眼，莫厭傷多酒入唇。江上小堂巢翡翠，苑〔一〕邊高冢卧麒麟。細推物理須行樂，何用一作事浮名伴〔二〕此身。

朝回日日典春衣，每日江頭盡醉歸。酒債尋常行處有（一），人生七十古來希〔三〕。穿花蛺蝶深深見，點水蜻蜓款款飛。傳語風光共流轉，暫時相賞莫相違。

（一）應劭曰：八尺曰尋，倍尋曰常，蓋本數目字也，故借對七十。

陸時雍評：前首云：律法嚴整，老杜却顛倒縱横，復體格森嚴，更得自在，所以爲難。首四句情法俱勝，既怕看飛花，又欲看花之盡，傷春惜春，流連無已。劉須溪評：首章五六句云：警策之至，可以動悟，不徒麗句已。又評後章，落落酣暢，如不經意，而首尾圓活，生意自然，有不可名言之妙。按二章以惜春起，以留春結，回環作章法，纏綿悱惻，感人處俱在言表。

【校記】

[一]苑：《草堂先生杜工部詩集》《杜工部集》作『花』。

[二]伴：《草堂先生杜工部詩集》《杜工部集》《杜詩詳注》作『絆』。

[三]希：《草堂先生杜工部詩集》《杜工部集》《杜詩詳注》作『稀』。

曲江對雨

城上春雲覆苑墻，江亭晚色静年芳。林花著雨燕支濕[一]，水荇牽風翠帶長。龍武新軍『深駐輦』，芙蓉別殿『漫[二]焚香』(一)。何時詔此金錢會(二)，暫醉佳人錦瑟傍[三]。

(一)《唐志》：興慶宫謂之南内，築夾城入芙蓉園。《太平寰宇記》：芙蓉園，隋文帝之離宫也，中有涼堂，堂東臨水亭，即曲江也。

(二)《舊書》：開元間，宴王公百僚，令左右於門下撒金錢，許中書五品及諸司五品以上争拾之。

朱瀚曰：上半寫雨景之荒凉，新經喪亂也；下半寫南内之寂寞，嚮曾受知也。花著雨，見苑中車馬闃然；荇牽風，見江上彩舟絶跡。上皇平韋氏，改羽林軍爲龍武軍。曰深駐輦，不見臨幸矣，又常從夾城達芙蓉園。曰漫焚香，無復游賞矣。於掉尾拈『一詔字』，露出本意，含無限低徊。浦云：詔字宜貼肅宗説，深望其續舉此會，以慰親心也。公每於悽惋之詩，作美麗之詞，《離騷》《哀江南賦》皆如此。補注：《劇談録》：開元中，上巳賜宴群僚，會於曲江山亭，賜教坊樂，故結句云然。

【校記】

［一］支濕：《草堂先生杜工部詩集》《杜工部集》作「脂落」。
［二］漫：《草堂先生杜工部詩集》《杜工部集》作「謾」。
［三］傍：《杜工部集》作「旁」。

九日藍田崔氏莊

藍田，今屬西安府，在府東南七十里。

「老去」悲秋强自寬，「興來」今日盡君歡。羞將短髮還吹帽，笑倩旁人爲正冠。藍水遠從千澗落，玉山高並兩峰寒（一）。明年此會知誰健，「醉把茱萸」仔［一］細看。

（一）《三秦記》：藍田有川方三十里，其水北流，出玉石，曰藍水。玉山，即藍田山。

首二句總領全篇，第三從老去生羞，第四因興來發笑，極流動之致，得五六句寫景杰語，遂覺氣象雄高，第七收應首句，結云醉把茱萸，則已盡君歡矣。

【校記】

[一]仔：《草堂先生杜工部詩集》《杜工部集》作『子』。

至日遣興奉寄北省舊閣老兩院故人[一]

《通典》：門下、中書爲北省。

憶昨逍遥供奉班(一)，去年今日侍龍顔。麒麟不動爐烟上(二)上聲，孔雀徐開扇影還。玉几由來天北極，朱衣祇在殿中間(三)。孤城此日腸堪[二]斷，愁對寒雲雪滿山。

(一)《唐六典》：左補缺拾遺，掌供奉諷諫。

(二)《晋禮儀》：大朝會，有金鍍九尺麒麟香爐。

(三)《唐會要》：大朝參，並六品清官服朱衣。

前六祇作憶想之詞，末寫景作結，而孤臣去國之悲，隱然言表矣。

【校記】

[一]《杜工部集》《杜詩詳注》有『二首』二字，此爲其二。

[二]腸堪：《杜工部集》作『堪腸』。

蜀相

丞相祠堂何處尋？錦官城外柏森森。映階碧草自春色，隔葉黄鸝空好音。三顧頻煩[一]天下計，兩朝開濟老臣心。出師未捷身先死，長使英雄淚滿襟。

浦二田云：一二叙事老境，三四堂柏分承，爲一詩緣起，五六實粘，如兼金鑄成，隱括武侯一生，亦如鎔金入化，七八慷慨涕泗，武侯精爽，定聞此哭聲。後來武侯廟詩，名作林立，然必枚舉一事爲句，此詩渾成，盡空作者。

【校記】

[一]煩：《杜詩詳注》作『繁』。

有客[一]

幽栖地僻經過少，老病人扶再拜難。豈有文章驚海内，漫勞車馬駐江干。竟日淹留嘉[二]客坐，百年粗糲腐儒餐。不嫌野外無供給，乘興還來看藥欄。

顧宸曰：文人聲價，高士性情，種種具見。

【校記】

［一］有客：《杜詩詳注》作『賓至』。

［二］嘉：《杜工部集》《杜詩詳注》作『佳』。

恨别

洛城一别四一作三千里，胡騎長驅五六年。草木變衰行劍外，兵戈阻絶老江邊。思家步月清宵立，憶弟看雲白晝［一］眠。聞道河陽近乘勝，司徒急爲破幽燕（一）。

（一）《唐书·李光弼傳》：乾元二年十月，悉軍赴河陽，大破賊衆。按：光弼時爲檢校司徒。

恨别，思洛城也。洛城公之故鄉也。然洛城之别，由於胡騎之亂，故起二句，即爲提明，第三承第一，兼記入蜀之候，第四承第二，足見飄零之久，五六應首句，七八結次句，蓋幽燕既破，洛城自復，而家可還矣。兩意渾融無跡，純是大力摶捖。蔣氏云：清霄反立，白晝反眠，曲盡憂懷。五律有「斬鯨遼海」句，此詩在先矣，可見老謀定識。

【校記】

［一］晝：《杜工部集》《杜詩詳注》作『日』。

野老

野老籬邊[一]江岸迴，柴門不正逐江開。漁人網集澄潭下（一），賈[二]客船從[三]返照來。長路關心悲劍閣，片雲何意[四]一作事傍琴臺（二）。王師未報收東郡，『城闕』秋生萬壑[五]哀（三）。

（一）趙注：潭，即百花潭。

（二）《玉壘記》：相如琴臺，在浣花溪北。

（三）趙注：時成都升爲南京，故公自注得稱城闕。

前四寫景，可入畫圖，後四寫情，無限悵望。時史思明尚未去東都，故結句云然。按：東郡即謂東都，舊注滑縣，非。

【校記】

[一]邊：《杜工部集》作『前』。

[二]賈：《杜詩詳注》作『估』。

[三]從：《杜工部集》《杜詩詳注》作『隨』。

[四]意：《杜詩詳注》作『事』。

[五]萬壑：《杜工部集》《杜詩詳注》作『畫角』。

南鄰　顧云：朱山人也，有《過南鄰朱山人水亭》詩。

錦里先生烏角巾，園收芋栗[一]未[二]全貧(一)。慣看賓客兒童喜，得食階除鳥雀馴。秋水纔添[三]四五尺，野航恰受兩三人。白沙翠竹江村路[四]，相送[五]柴門月色新。

(一)《莊子》：狙公賦芧。一本作芋，非。

浦二田云：公造山人，而山人相送也。前半『山莊訪隱圖』，後半『江村送客圖』。蔣弱六云：祇就兒童鳥雀，寫先生好客忘機，情懷自妙。劉須溪云：小溪野艇，本是實境，寫來有至足之味。

【校記】

[一]芋栗：《杜工部集》作『芋粟』，《杜詩詳注》作『芋栗』。
[二]未：《杜工部集》《杜詩詳注》作『不』。
[三]添：《杜工部集》《杜詩詳注》作『深』。
[四]路：《杜工部集》《杜詩詳注》作『暮』。
[五]送：《杜工部集》作『對』。

和裴迪登蜀州東亭送客逢早梅相憶見寄（一）

東閣官梅動詩興，還如何遜在揚州（二）。此時對雪遥相憶，送客逢春一作花可自由。幸不折來傷歲暮，若爲看去亂鄉愁。江邊一樹垂垂發，朝夕催人自白頭。

（一）蜀州，今成都府屬之崇慶州。東閣即東亭。

（二）何遜，梁天監中爲建安王遷記室，有揚州早梅詩。

前半曲折完題，後半即梅生意，從送客見寄生情，直翻身跳出題外，情致繚窅，却自一氣旋折，此老杜絶詣。

所思

苦憶荆州醉司馬（一），謫官樽酒［一］定常開。九江日落醒何處（二）？一柱觀頭眠幾回（三）。可憐懷抱向人盡，欲問平安無使來。故憑錦水將雙泪，好過瞿塘灩澦堆。

（一）公自注：崔吏部漪。

（二）九江，謂洞庭所會湘沅諸水，以此爲九江的甚。

（三）宋臨江王鎮江陵，於羅公洲立觀甚大，止一柱。

以『苦憶』二字領起全神，定常開，醒何處，眠幾回，憶其醉况也。第五句統憶其爲人，第六句以無來使問平安，起結意，正將苦憶之懷，寄諸雙泪，付錦水東注而已。真氣流行，化盡筆墨之跡。

【校記】

［一］酒：《杜工部集》作『俎』。

送韓十四江東省覲［一］

兵戈不見老萊衣，嘆息人間萬事非。我已無家尋弟妹，君今何處訪庭闈。黄牛峽静灘聲轉，白馬江寒樹影稀（一）。此別應須各努力，故鄉猶恐未同歸。

（一）黄牛峽，在峽州，今湖北宜昌府。趙注：白馬江，蜀州江名，乃韓與公別處。

首句略粘題，妙在次句漾開，便好搭入己身，三四用側筆，賓主不亂，五六正寫『送』字。黄牛峽爲韓經過之區，白馬江乃公握別之地，而別緒離情，妙於灘聲樹影中寫出。末又於送別透後一層，作雙收，曲折淋漓，生氣滿紙。

【校記】

［一］省覲：《杜工部集》作『覲省』。

野望

西山白雪三城[一]戍，南浦清江萬里橋(一)。海内風塵諸弟隔，天涯涕泪一身遥。惟將遲暮供多病，未有涓埃答聖朝。跨馬出郊時極目，不堪人事日蕭條。

(一)三城戍，萬里橋，注見前。趙注：萬里橋，公草堂在其西。

浦解：以三四頂次句，爲思家之切，五六頂首句，爲憂國之忱。細玩詩意，其説似不合。按：第三承首句，第四承次句，五六又從第四句推衍而出，此皆野望時心事也，却於第七句作一點，末句虚收通篇。

【校記】

[一]城：《杜工部集》作『奇』。

堂成

背郭堂成蔭白茅，緣[二]江路熟俯青郊(一)。榿林礙日吟風葉(二)，籠竹和烟滴露梢(三)。暫止飛烏將數子，頻來語燕定新巢。旁人錯比揚雄宅，懶惰無心作解嘲。

（一）公《寄題草堂》詩云：經營上元始，斷手寶應年。故云『緣江路熟』。
（二）公有句云：飽聞榿木三年大。榿，邱宜切。
（三）《山谷別集》：蜀人名大竹，曰籠竹。

前寫堂成之景，五六義兼比興，以起末意。雄，蜀人，宜有宅於蜀。公之草堂，特其寄焉者耳，故曰錯比，而亦不必效雄作解嘲也。寄意正在言外。

【校記】

[一]緣：《杜詩詳注》作『緑』。

野人送朱櫻

西蜀櫻桃也自紅，野人相送[一]滿筠籠。數回細寫愁仍破，萬顆勻圓訝許同。憶昨賜沾門下省，退朝擎出大明宮。金盤玉箸無消息，此日嘗新任轉蓬。

從賜櫻説起，便是恒徑，插嚮中間，極龍跳虎卧之勢。一微物而不忘君恩，是何等忠款。

【校記】

[一]送：《杜工部集》《杜詩詳注》作『贈』。

又呈王[一]郎

堂前撲棗任西鄰，無食無兒一婦人。不爲困窮寧至[二]此，祇緣恐懼轉須親。即防遠客雖多事，遍[三]插疏籬却認[四]真。已訴徵求貧到骨，正思戎馬泪盈巾。

曲體人情，有万物一體之意。末分頂無食無兒作結，包含更遠。

【校記】

[一]王：《草堂先生杜工部詩集》《杜工部集》《杜詩詳注》作「吴」。
[二]至：《草堂先生杜工部詩集》《杜工部集》《杜詩詳注》作「有」。
[三]遍：《草堂先生杜工部詩集》《杜工部集》作「使」，《杜詩詳注》作「便」。
[四]認：《草堂先生杜工部詩集》《杜工部集》作「甚」，《杜詩詳注》作「任」。

聞官軍收河南河北

劍外忽傳收薊北，初聞涕泪滿衣裳。却看妻子愁何在？漫捲詩書喜欲狂。白日一作首放歌須縱酒，青春作伴好還鄉。即從巴峽穿巫峽，便下襄陽向洛陽。

一氣噴薄，想見振筆疾書、眉舞色飛之狀。黄白生云：『杜詩强半言愁，其言喜者，惟寄弟数首及此作而已。言愁者使人氣咽聲悽，言喜者使人眉飛色舞。蓋能以其真性情，達之紙墨，而後人之性情，亦爲之感動也。舍此，而徒討論其格調，剽擬其字句，抑末矣。』

送路六侍御入朝

童稚情親四十年，中間消息兩茫然。更爲後會知何地，忽漫相逢是别筵。不分桃花紅勝[一]錦，生憎柳絮白於綿。劍南春色還無賴，觸忤愁人到酒邊。

前四句包許多曲折情致，後四句以無聊賴之語，伸情親送别之情，亦清空一氣之作也。

【校記】

[一]勝：《杜詩詳注》作『似』。

九日

去年登高郪縣北(一)，今日重在涪江濱(二)。苦遭白髮不相讓[一]一作放，羞見黄花無數新。世亂鬱鬱久爲客，路難悠悠常傍人。酒闌却憶十年事，腸斷驪山清路塵。

(一)唐梓州治郪縣，今潼川府治之三臺縣也。

（二）涪江經梓州界，注見前。

三四悲甚，所謂臣亦自厭其餘生也。五六以久客依人，而追感往事。所云十年者，天寶十四載，公自京兆赴奉先，路經驪山，玄宗正荒游華清，蓋特記亂之所始也。

【校記】

［一］讓：《草堂先生杜工部詩集》《杜工部集》《杜詩詳注》作「放」。

滕王亭子

王名元嬰，高祖子，即造滕王閣者。公自注：在玉臺觀内。

君王臺榭枕巴山，萬丈丹梯尚可攀。春日鶯啼修竹裏（一），仙家犬吠白雲間（二）。清江錦石傷心麗，嫩蕊濃花滿目斑。人到於［一］今歌出牧，來游此地不知還。

（一）修竹，楊升庵謂梁孝王事，是也。

（二）第四句，用《神仙傳》淮南王安事。

仇注：史云：元嬰驕佚失度，復以貪聞。則詩中宜帶諷刺，末聯作一氣讀。浦云：上四叙還登臨遺跡；五六曰傷心碧、滿目斑，即帶起結意；結言人到於今，猶歌其出牧時佚游忘返也。可知傷心滿目，正爲當日川人雪涕，而詞旨渾然，此爲風人之極軌。

【校記】

[一]於：《杜工部集》作『于』。

將赴荆南寄别李劍州（一）

使君高義驅今古，寥落三年坐劍州。但見文翁能化俗，焉知李廣未封侯。路經灧澦雙蓬鬢，天入滄浪一釣舟。戎馬相逢更何日，春風回首仲宣樓。

（一）劍州，今屬保寧府，唐爲閬州。

前四李劍州；後四寄别；五六即用適荆南途中所經作點染，不勝黯然；結句擬到荆南，寄别後之思也。聲調高亮，律詩正音。嚴武去蜀，公往來梓閬間，此在閬州作也。將赴荆南，而嚴武復鎮，公於是輟荆南之行，再回成都。

將赴成都草堂途中有作先寄嚴鄭公

五首。廣德二年，武復鎮。

得歸茅屋赴成都，直爲文翁再剖符。但使閭閻還揖讓，敢論松菊[一]久荒蕪。魚知丙穴由來美（一），酒憶郫筒不用酤（二）。五馬舊曾識小徑，幾回書札待潛夫。

處處青[二]江帶白蘋，故園猶得見殘春。雪山斥候無兵馬（三），錦里逢迎有主人。休怪兒童延俗客，不教鵝鴨惱比鄰。習池未覺風流盡，況復荆州賞更新（四）。

竹寒沙碧浣花溪(五)，橘[三]刺藤梢咫尺迷。過客徑須愁出入，居人不自辨[四]東西。書籤藥裹封蛛網，野店山橋送馬蹄。肯[五]藉荒庭春草色，先拚[六]一飲醉如泥(六)。

常苦沙崩損藥欄，也從江檻落風湍。新松恨不高千尺，惡竹應須斬萬竿。生理祇憑黄閣老(七)，衰顔欲付紫金丹。三年奔走空皮骨，信有人間行路難。

錦官城西生事微，烏皮几在還思歸(八)。昔去爲憂亂兵入，今來已恐鄰人非。側身天地更懷古，回首風塵甘息機。共説總戎雲鳥陣，不妨游子芰荷衣。

(一)《蜀都賦》：嘉魚出於丙穴，公祇作蜀中故事用，不必如注家紛紜也。
(二)郫出大竹，土人截以盛酒。
(三)王洙：第三句注：時西山罷三城戍。
(四)末以習池喻草堂，以山簡比嚴公。
(五)《寰宇記》：華陽縣杜甫宅，在西郭外接浣花溪，地名百花潭。
(六)後漢周澤，時人爲之語曰：一歲三百六十日，三百五十九日齋，一日不齋醉如泥。
(七)嚴武以黄門侍郎來鎮，故曰黄閣老。
(八)謝朓有《烏皮隱几》詩。

五章爲途中所寄，故皆屬虚景。首章述歸成都之由，次章擬歸成都之趣。三章傷草堂之荒廢，而野店山橋，主人將歸，正是途中情景，爲五詩正面。四章欲整頓草堂，以爲止息之地，因嘆三年之奔走，而幸此日之有托也。三四微露獻規之意。五章前半收拾前文，而以五六句作一頓，露出根柢，乃更收入嚴公作結，情致綿邈，娓娓可誦。邵子湘謂『開玉局，劍南門户』，似非浪語。

【校記】

［一］菊：《杜工部集》《杜詩詳注》作『竹』。

［二］青：《杜詩詳注》作『清』。

［三］橘：《杜工部集》作『菱』。

［四］辨：《杜工部集》《杜詩詳注》作『解』。

［五］肯：《杜工部集》作『豈』。

［六］拼：《杜工部集》作『判』。

登樓

花近高樓傷客心，萬方多難此登臨。錦江春色來天地，玉壘浮雲變古今〔一〕。北極朝廷終不改，西山寇盜莫相侵。可憐後主還祠廟，日暮聊爲梁父［一］吟。

〔一〕《元和志》：導江縣，玉壘山，在縣西北二十九里。《蜀都賦》曰：包玉壘。

起二句用倒裝法，突兀，振動全神，第三從花近生出，第四從多難生出。北極朝廷，如春色之有常也。西山寇盜，則浮雲之暫變也。曰終不改，曰莫相侵，詞嚴義正，恰起結意。後主還祠，當如浦解：帝統大居正，幺麽不得妄干，因思得武侯之才以靖時亂。舊注以後主比代宗，豈復成老杜語？細針密縷，却自氣象渾雄，須讓此老獨步。西山寇盜，蔡夢弼以爲吐蕃，是也。然不曰萬方多難乎，在蜀言蜀，則謂吐蕃耳。申鳬盟云『五六可抵一篇《王命論》』，可謂深得詩意。

【校記】

［一］父：《杜工部集》作『甫』。

宿府　在嚴武幕中。

清秋幕府井梧寒，獨宿江城蠟炬殘。永夜角聲悲自語，中天月色好誰看。風塵荏苒音書絶，關塞蕭條行路難。已忍伶俜十年事，强移栖息一枝安。

讀此知幕僚，豈公之志耶？亦有所不得已耳。三四本句曲折之甚。

返照

楚王宫北正黄昏，白帝城高［一］過雨痕。返照入江翻石壁，歸雲擁樹失山村。衰年肺病［二］惟高枕，絶塞愁時早閉門。不可久留豺虎亂，南方實有未招魂（一）。

（一）招魂，公自招也。太史公以『招魂』爲屈子所作。

詩成偶拈二字爲題，非專咏返照也。三四畫所不能到，後四即景攄懷，老病畏亂，感時思歸之情，一時俱歸腕下。

【校記】

［一］高：《草堂先生杜工部詩集》《杜工部集》《杜詩詳注》作『西』。

［二］肺病：《杜詩詳注》作『病肺』。

諸將五首

漢家［一］陵墓對南山，胡虜［二］千秋尚入關。昨日玉魚蒙葬地，早時金碗出人間。見愁汗馬西戎逼（一），曾閃朱旗北斗殷［三］。多少材官守涇渭，將軍且莫破愁顔。

韓公本意築三城（二），擬絶天驕拔漢旌。豈謂盡煩迴［四］紇馬，翻然遠救朔方兵（三）。胡來不覺潼關隘（四），龍起猶聞晋水清（五）。獨使至尊憂社稷（六），諸君何以答升平？

洛陽宫殿化爲烽，休道秦關百二重。滄海未全歸禹貢，薊門何處盡［五］堯封（七）。朝廷衮職雖多預［六］，天下軍儲不自供。稍喜臨邊王相國（八），肯銷金甲事春農。

回［七］首扶桑銅柱標（九），冥冥氛祲未全銷。越裳翡翠無消息（十），南海明珠久寂寥。殊賜［八］曾爲大司馬，總戎皆插侍中貂（十一）。炎風朔雪天王地，衹在忠良［九］翊聖朝。

錦江春色逐人來，巫峽清秋萬壑哀。正憶往時嚴僕射，共迎中使望鄉臺（十二）。主恩前後三持節（十三），軍令分明數舉杯。西蜀地形天下險，安危須仗出群材。

（一）廣德元年，吐蕃陷京師，焚陵，三四指其事。永泰元年，再逼京師，所云現愁汗馬也。

（二）三城，注後。

（三）至德間，郭公領朔方軍，回紇助討安緒。

（四）胡來，指安賊也。

（五）晋水句，注後。

（六）至尊，代宗也。

（七）滄海，指淄青等處。薊門，指盧龍等處。

（八）王相國，王縉也。

（九）《南史》：林邑國南界，馬援所植兩銅柱，表漢界處。

（十）越裳，在越南之南。

（十一）《唐書》：門下省侍中二人，正二品，與左右常侍、中書令，並金蟬珥貂。

（十二）望鄉臺，在成都之北，隋蜀王秀所築。

（十三）三持節，嚴武一刺綿州，兩鎮蜀。

補注：三受降城，景雲三年，張仁愿所築也。按《元和志》：中受降城，秦九原郡地，漢武帝更名五原，南至麟州四百里；東受降城，本漢雲中郡地，在榆林縣東北八里，今屬振武節度；西受降城，在豐州西北八十里，蓋漢朔方郡，臨河縣故理。按，三城俱在套外。控禦雄遠《一統志》：唐中受降城在吴忒旗西，西受降城在旗西北，東受降城在歸化城土默特城西，中西二城在河北岸，東城在河東岸。

晋水，即代水，高祖師至龍門，代水清。考史，至德二載七月，嵐州合關河清，九月廣平王收復西京。趙注以祖宗起兵，比廣平興復。

五詩各舉備禦重地爲言，而嘆將帥之非其人，故題曰『諸將』，訏謨壯采，與日月争光。首章以吐蕃内逼，責諸將也。廣德元年，陷京師有焚陵之事。永泰元年，再逼京師，乃當時切近大患。詩中四句，即遞指其害。浦云：『蓋謂陷京之慘，前事痛心，曾不旋踵，震驚又告，益顯寇警非時，刻不可玩。』詮解最爲精當。次章以回紇之爲患，責諸將也。肅宗收京討叛，屢借回紇之力，而要求縱暴，公私苦之。永泰元年，竟合吐蕃入寇。然彼之肆虐，由於我之借助，則遠救朔方，豈先臣築城禦虜之意乎？然失之於前，自當籌之於後。彼時安逆披猖，潼關失險，而代宗以廣平王爲元帥，收復京師，即有晋水之祥，則唐室中興升平可卜，乃回紇弃好崇讐，獨使至尊有北顧之憂，諸君何以自安乎？所以警之者至矣。至尊即謂代宗也。三章以藩鎮之不臣，責諸臣令修實政也。時安史餘孽不靖，淄青則李正己，相衛則薛嵩，魏博則田承嗣，成德則李寶臣，盧龍則李懷仙，皆繕甲完城，不供貢賦。關輔河朔，皆須頓宿重兵，則軍儲何以充給，故特舉王縉之修屯政，以風勵諸將。四章以南方之梗化，責諸將使善撫綏也。南詔閤羅鳳，自天寶中，叛附吐蕃，則雲南一區，盡成外城。廣南自廣德初，以中使吕太乙之擾，蠻囚亦寖不順命。扶桑借指南海，謂廣南也。越裳特標銅柱，謂南詔也。五六極寫鎮帥之威顯，謂受恩如此，獨不思安輯此天王之地乎？炎荒結本章，朔雪並結上三章，餘下蜀地單叙。五六句，浦注不用錢箋李輔國、魚朝恩之解，甚是。五章以西蜀地險，思嚴武以風鎮將也。浦注：嚴武初鎮而罷，高適代之，則有徐知道之反，及松維等州之陷；再鎮而卒，郭英又代之，則有雀旰等相攻殺之擾，此武所以出人上也。其篇法，仇所謂逐句遞下，流水格也。起言春倏言秋者，前此會嚴别嚴，皆在春中，今日撫景，乃在秋際也。迎使，正指往年春事。『主恩』句總括有力，數舉杯，妙傳瀟灑安閑氣象。未就嚴公推開説，第七句補筆千鈞，將蜀中無數擾攘，七字括盡，若無此句，則成憶嚴詩，不是諸將詩矣。

【校記】

［一］家：《草堂先生杜工部詩集》《杜工部集》《杜詩詳注》作『朝』。
［二］虜：《草堂先生杜工部詩集》《杜工部集》作『鹵』。
［三］殷：《草堂先生杜工部詩集》作『閑』。
［四］迴：《草堂先生杜工部詩集》《杜詩詳注》作『回』。
［五］盡：《草堂先生杜工部詩集》作『覓』。
［六］雖多預：《杜詩詳注》作『誰争補』。
［七］回：《杜工部集》《杜詩詳注》作『迴』。
［八］賜：《草堂先生杜工部詩集》《杜工部集》《杜詩詳注》作『錫』。

［九］良：《杜工部集》作『臣』。

夜

露下天高秋氣［一］一作水清，空山獨夜旅魂驚。疏燈自照孤帆宿，新月猶懸雙杵鳴。南菊再逢人卧病，北書不至雁無情。步檐［二］倚杖看牛斗，銀漢遥應接鳳城。

通章情景相生，神悽調響。疏燈孤帆，所見之景也。雙杵鳴，所聞之聲也。第三若粘己身解，則孤帆步檐抵矣。

【校記】

［一］氣：《草堂先生杜工部詩集》《杜工部集》《杜詩詳注》作『水』。

［二］檐：《草堂先生杜工部詩集》《杜工部集》作『蟾』。

秋興八首

玉露凋傷楓樹林，巫山巫峽氣蕭森。江間波浪兼天涌，塞上風雲接地陰。叢菊兩開他日泪，孤舟一繫故園心。寒衣處處催刀尺，白帝城高急暮砧。

夔府孤城落日斜，每依北［一］斗望京華（一）。聽猿實下三聲泪，奉使虚隨八月槎（二）［二］。畫省香爐違伏枕，山樓粉堞隱悲笳（三）。請看石上藤蘿月，已映洲前蘆荻花。

千家山郭静朝暉，日日江樓坐翠微。信宿漁人還泛泛，清秋燕子故飛飛。匡衡抗疏功名薄，劉向傳經心事違。同學少年多不賤，五陵衣馬自輕肥。

聞道長安似弈棋，百年世[三]事不勝悲。王侯第宅皆新主，文武衣冠異昔時。直北關山金鼓震[四]，征西車馬羽書馳[五]。魚龍寂寞秋江冷(四)，故國平居有所思。

蓬萊宮[六]闕對南山(五)，承露金莖霄漢間。西望瑶池降王母，東來紫氣滿函關(六)。雲移雉尾開宮扇，日繞龍鱗識聖顔。一卧滄江驚歲晚，幾回青瑣點[七]朝班。

瞿塘[八]峽口曲江頭，萬里風烟接素秋。花萼夾城通御氣，芙蓉小苑入邊愁(七)。朱[九]簾綉柱圍黄鵠[十]，錦纜牙檣起白鷗。回首可憐歌舞地，秦中自古[十一]帝王州。

昆明池水漢時功(八)，武帝旌旗在眼中。織女機絲虚夜月(九)[十二]，石鯨鱗甲動秋風(十)。波漂菰米沉雲黑(十一)，露冷蓮房墜粉紅。關塞極天唯鳥道(十二)，江湖滿地一漁翁。

昆吾御宿自逶迤，紫閣峰陰入渼陂(十三)。紅豆[十三]一作香稻啄殘[十四]鸚鵡粒，碧梧栖老鳳凰枝。佳人拾翠春相問，仙侣同舟晚更移。彩筆昔曾[十五]干氣象，白頭吟[十六]望苦低垂。

(一)北斗，在紫微垣旁，又名帝車。

(二)乘槎，事出《博物志》，《荆楚歲時記》附會以爲張騫，公亦襲用之耳。

(三)《漢官儀》：尚書省以胡粉塗壁，畫古列士。尚書郎更直，給縑綾帷茵，通中枕。女侍二人，執香爐從入護衣服。

(四)《水經注》：魚龍以秋冬爲夜。

（五）《唐會要》：大明宫，龍朔三年號蓬萊殿。

（六）第三用《漢武内傳》見西王母，第四用《關尹内傳》老子出關事。

（七）《舊書》：開元二十六年，廣花萼樓，築夾城至芙蓉苑。

（八）《史記·平準書》：武帝大修昆明池，治樓船。

（九）《西都賦》注：昆明池左右，作牽牛織女，以象天河。

（十）《西京雜記》：昆明池刻玉石爲鯨，每至雷雨常鳴吼，鬐尾皆動。

（十一）菰，即琱胡米。

（十二）《漢書》：「武帝建元三年，起上林苑，南至藍田宜春。御宿、昆吾，傍南山而西，至長楊、五柞。」

（十三）《元和志》：御宿川，在萬年縣南三十七里，漢爲離宫别館。渼陂，在鄠縣西五里。

八詩貌腴神悲，包孕宏富，靈均之苗裔，子山之儔儷。俞瑒曰：「身居巫峽，心憶京華，是八詩大旨。曰巫峽、曰夔府、曰瞿塘、曰江樓、曰滄江、曰關塞，皆身之所處；曰故園、曰故國、曰京華、曰長安、曰蓬萊、曰曲江、曰昆明、曰渼陂，皆心之所思，是八詩綫索。」秋興因秋而起興也，故八詩皆不脱『秋』字，末章結句，暗結『秋』字也。夔者身之所處，京者心之所繫。首章從夔説起，第七句即暗逗京華，是爲總冒。次章次句明爲揭出。『奉使』，仇注謂指嚴武爲節度，誠是。『虚隨』者，謂已隨使節而成虚也。『畫省』句，再逗京華，仍收轉夔地，是謂題前虚步。三章接上章，攄漂泊潦倒之悲，結落京華，是爲著題。四章接入京華，而傷其今昔之殊勢，軍務之交馳，下遂歷歷抒其所思，是爲文章過峽。五章思帝居朝儀之盛，末仍縮定身之所處，最爲緊健。六章接上滄江而下，故以瞿塘起，搭入曲江，而以風烟合併之。曲江爲昔時臨幸繁盛之區，故次及之，回首仍不脱夔地。七章思昆明旌旗之盛。『在眼中』三字，妙即是『望』字神理，下六句將『秋』字寫足。『江湖滿地』者，猶言是處漂流也。『關塞極天』，收入夔府。以上三章，是爲文章實際，故此章略作一束。末章『思』字餘波，祇即己身往日之游覽，作八章之大結。煌煌大篇，而以『白頭吟望』七字收盡，是爲神力。舊解以前三爲夔府，後四爲京華者，未爲得解。

【校記】

[一]北：《草堂先生杜工部詩集》《杜工部集》作『南』。

[二]槎：《草堂先生杜工部詩集》《杜工部集》作『查』。

[三]世：《草堂先生杜工部詩集》作『出』。

[四]震：《草堂先生杜工部詩集》《杜工部集》作『振』。

[五]馳：《草堂先生杜工部詩集》《杜工部集》作『遲』。

[六]宫：《杜詩詳注》作『高』。

[七]點：《杜工部集》作『照』。

[八]塘：《草堂先生杜工部詩集》《杜工部集》《杜詩詳注》作『唐』。

[九]朱：《草堂先生杜工部詩集》《杜詩詳注》作『珠』。

[十]鵠：《草堂先生杜工部詩集》《杜工部集》作『鶴』。

[十一]古：《草堂先生杜工部詩集》作『出』。

[十二]夜月：《草堂先生杜工部詩集》作『月夜』。

[十三]紅豆：《草堂先生杜工部詩集》《杜工部集》《杜詩詳注》作『香稻』。

[十四]殘：《草堂先生杜工部詩集》《杜工部集》作『餘』。

[十五]曾：《杜工部集》作『游』。

[十六]吟：《杜詩詳注》作『今』。

咏懷古跡　五首鈔二。

摇落深知宋玉悲，風流儒雅亦吾師。悵望千秋一灑泪，蕭條異代不同時。江山故宅空文藻〔一〕，雲雨荒臺豈夢思？最是楚宫俱泯滅，舟人指點到今疑。

（一）歸荆皆有宋玉宅，此指歸州言。

劉須溪云：『不屑屑用事，結得更高。』此因峽口有宋玉宅而有感也。宋玉文章，同公臭味，咏玉即以自况也。五句以臺襯宅，將雲雨慢褻之詞，一洗而空。在玉本屬托興，惟公深得其意。結句倍增文人聲價，意謂楚宫泯滅，不如玉之宅常存千古也。

諸葛大名垂宇宙，宗臣遺像肅清高〔一〕。三分割據紆籌策，萬古雲霄一羽毛。伯仲之間見伊吕，指揮若定失蕭曹。運〔二〕移漢祚终難復〔三〕，志决身殲軍務勞。

（一）宗臣：言爲一代之所宗仰也。本傳注：張儼曰：『一國之宗臣。』《三國志・彭羕傳》：《與武侯書》：『足下，今之伊吕也。』

傷名世之不得其時，惋痛之思，俱在言表。四以虚對實，宜會意讀之。五、六十四字，懸諸日月而不刊。末特歸之天命，『漢祚』字尤爲大書特書之筆。

【校記】

[一]運：《草堂先生杜工部詩集》作『福』。

[二]终難復：《草堂先生杜工部詩集》《杜工部集》作『難恢復』。

吹笛

吹笛秋山風月清，誰家巧作斷腸聲？ 風飄律吕相和切，月傍關山幾處明？ 胡騎中宵堪北走(一)，武陵一曲想南征(二)。 故園楊柳今摇落，何得愁中却[一]盡生。

(一)《世説》：劉越石爲胡騎圍數重，中夜奏胡笳，賊皆流涕，有懷土之思。

(二)《古今注》：《武溪深》，馬援南征之所作。 援門生爰寄生，善吹笛，援作歌和之，即所謂武陵曲也。

凄清之章，讀之動人鄉思。 首四句相承而下，第四句不著笛而得吹笛之神。 五襯六貼，笛中有《折楊柳曲》，公反用其意作結。《舊書·樂志·梁樂府》云：『上馬不捉鞭，反拗楊柳枝。下馬吹横笛，愁殺行路兒。』

【校記】

[一]却：《杜工部集》作『曲』。

閣夜 即西閣，公初至夔所居。

歲暮陰陽催短景，天涯霜雪霽寒宵。五更鼓角聲悲壯，三峽星河影動摇。野哭千[一]家聞戰伐，夷歌幾[二]處起漁樵。卧龍躍馬終黄土（一），人事音書[三]漫寂寥。

（一）《蜀都賦》：『公孫躍馬而稱帝。』公孫述漢末據蜀。

劉須溪云：『三四對看，自具無窮俯仰之悲。』浦云：『「天涯」「短景」，直呼動末聯。三、四從「霽寒宵」生出。「五更鼓角」，最悽切之時，再著「悲壯」字，直刺睡覺耳根。「三峽星河」，在急湍之處，再著「動摇」字，直閃矇矓眼光。於寂寥中對此，况觸以「野哭」「夷歌」，得不悽然傷心乎？因想到古跡，轉自寬解。彼定亂之卧龍，起亂之躍馬，總歸黄土，則野哭夷歌，行且倏時變滅，又何必動吾悲懷？然其詞似寬，其情彌結矣。』

【校記】

[一]千：《杜工部集》作『幾』。

[二]幾：《杜工部集》作『數』。

[三]音書：《杜工部集》作『依依』。

九日[一]

重陽獨酌杯中酒，抱病起[二]登江上臺。竹葉於人既無分，菊花從此不須開。殊方日落元[三]猿哭，故[四]國霜前白雁來。弟妹蕭條各何在[五]，干戈衰謝兩相催。

『獨酌』是全詩神理。顧云：『緊注末聯是也。三四從「獨酌」寫出無聊，五六登臺所聞見。然所聞者止元猿之哭，所見者止白雁之來，是正爲「獨」字傳神也。七句固結「獨」字，而「蕭條」何在？寫盡登高極目望斷之神，末以概嘆結之。』

【校記】

[一]《草堂先生杜工部詩集》《杜工部集》《杜詩詳注》題作《九日五首》，此爲其一。

[二]起：《草堂先生杜工部詩集》作『豈』。

[三]元：《草堂先生杜工部詩集》《杜工部集》《杜詩詳注》作『玄』。

[四]故：《草堂先生杜工部詩集》《杜工部集》《杜詩詳注》作『舊』。

[五]在：《草堂先生杜工部詩集》《杜工部集》作『往』。

登高

風急天高猿嘯哀，渚清沙白鳥飛迴。無邊落木蕭蕭下，不盡長江滾滾來。萬里悲秋常作客，百年多病獨登臺。艱難苦恨繁霜鬢，潦倒新停[一]濁酒杯。

無甚含蓄深意，而八句對舉，筆力驅駕，一往無前！

【校記】

[一]停：《杜詩詳注》作『亭』。

燕子來舟中作　黄鶴注：公至湖南率舟居。

湖南爲客動經春，燕子銜泥兩度新。舊入故園曾[一]識主，如今社日遠看人。可憐處處巢君屋[二]，何異飄飄托此身。暫語船檣還起去，穿花落[三]一作貼水益沾巾。

是咏燕，是自咏，痕跡俱化，一片神行。浦云：『不知燕之爲子美與，子美之爲燕與？吾將叩之漆園。』評此詩入妙。

【校記】

[一]曾：《草堂先生杜工部詩集》《杜詩詳注》作『嘗』，《杜工部集》作『常』。

[二]君屋：《草堂先生杜工部詩集》作『居室』，《杜工部集》《杜詩詳注》作『君室』。

[三]落：《杜詩詳注》作『貼』。

五排

冬日洛城北謁玄〔一〕元皇帝廟　老子廟也。《唐書》：高宗幸亳追尊。

配極元〔二〕都閟，憑高〔三〕禁籞〔四〕長。守祧嚴具禮，掌節鎮非常。碧瓦初寒外，金莖一氣旁（一）。山河扶繡户，日月近雕梁。仙李蟠〔五〕根大，猗蘭奕葉光（二）。世家遺舊史，德道〔六〕付今王。畫手看前輩，吴生遠擅場（三）。森羅移地軸，妙絶動宫墻。五聖聯龍衮（四），千官列雁行。冕旒俱秀發，旌旆盡飛揚。翠柏深留景，紅梨迥得霜。風筝吹玉柱，露井凍銀床（五）。身退卑周室，經傳拱漢皇。谷神如不死（六），養拙更何鄉。

（一）《西都賦》注：金莖，銅柱也。

（二）《漢武故事》：帝生於猗蘭殿。

（三）吴生，吴道子也。

（四）五聖，高祖、太宗、高宗、中宗、睿宗。

（五）銀床，轆轤架。

（六）《老子》：谷神不死，是謂元牝。

唐尊老子爲始祖，本荒誕不經，然有其舉之，則煌煌祀典，國家之禮制存焉。作者自以冠冕典重爲主，此詩純用頌體，自是正格，然細繹之，處處具有微意，不獨結語含諷也。浦云：『「配極」四句，似巨典，亦似悖禮。「蟠根」「奕葉」，似綿遠，亦似矯誣。「付今王」似同揆，亦似假托。而讀之毫無圭角，所以爲佳。』此説得之，錢箋過甚。

【校記】

[一]玄：《杜工部集》作『元』。
[二]元：《杜詩詳注》作『玄』。
[三]高：《杜工部集》作『虚』。
[四]籞：《杜工部集》作『禦』。
[五]蟠：《杜工部集》作『盤』。
[六]德道：《杜工部集》作『道德』。

投贈哥舒開府翰二十韻

今代麒麟閣，何人第一功？君王自神武，駕馭必英雄。開府當朝杰，論兵邁古風。先鋒百勝[一]一作戰在，略地兩隅空(一)。青海無傳箭，天山早挂弓(二)。廉頗仍走敵，魏絳已和戎。每惜河湟弃(三)，新兼節制通(四)。智謀垂睿想，出入冠諸公。日月低秦樹，乾坤繞漢宫。胡人愁逐北，宛馬又從東。受命邊沙遠，歸來御席同。軒墀曾寵鶴，畋獵舊非熊(五)。茅土加名數，山河誓始終(六)。策行遺戰伐，契合動昭融。勛業青冥裏[二]，交親氣概中。未爲珠[三]履客，已見白頭翁。壯節初題柱，生涯獨轉蓬。幾年春草歇，今日暮途窮。軍事留孫楚（七），行聞〔四〕識呂蒙。防身一長劍（八），將欲倚崆峒。

（一）兩隅，謂河西隴右，是翰初建功之地。

（二）青海，見前注； 天山，見後補注。二句分頂兩隅。

（三）湟水，出青海北，東注於蘭州大河，古羌戎之地。

（四）『新兼』句，天寶十二載，翰進封涼國公、河西節度使。

（五）寵鶴比禄山，非熊比翰。

（六）『茅土』句，《舊書》： 十二載九月，翰進封西平郡王，實封五百户。

（七）《晋書》： 孫楚爲石苞參軍，頗易苞，長揖曰：『天子命我參卿軍事。』

（八）《大言賦》： 長劍耿耿倚天外。

李安溪云：『英詞壯采，可勒鼎鐘。』此詩欲哥舒翰提攜作幕僚也。是時執政忌才，參選坐廢，作此不得已之謀。况翰所薦拔，如嚴武、呂諲、高適、蕭昕輩，皆一時之選，故公有意於翰也。詩分兩截，前頌哥舒，看其層次，『勛業』二句是一篇轉舵，自序望其汲引，看其曲折，結句壯懷一吐，妙切隴右。結構謹嚴，使通篇精神皆振。『傳箭』，趙注：『寇兵起則傳箭爲號。』『天山』，浦本引《史記索隱》注： 一名祁連山，在張掖酒泉界。非也。此天山殆指在西域者言。《元和志·伊州伊吾縣》： 天山一名白山，在北百二十里，匈奴過之，皆下馬拜。又《西州前庭縣》：天山，在縣北三十里。伊州今哈密，西州在今闢展，二地東西毗連，由哈密度天山而北，即唐庭州境，今之鎮西府，舊所稱『巴里坤』者。薛仁貴三箭定天山，正此地也。唐屬隴右道。『日月』句，喻朝廷清明，『乾坤』句，喻四方效順。

【校記】

[一]勝：《杜詩詳注》作『戰』。
[二]裹：《杜工部集》《杜詩詳注》作『上』。
[三]珠：《杜工部集》作『朱』。
[四]聞：《杜工部集》《杜詩詳注》作『間』。

行次昭陵（一）

舊俗疲庸主，群雄問獨夫。讖歸龍鳳質（二），威定虎狼都（三）。天屬尊堯典，神功協禹謨。風雲隨絶足，日月繼高衢。文物多師古，文章[一]半老儒。直詞寧戮辱，賢路不崎嶇。往者灾猶降，蒼生喘未蘇。指揮[二]安率土，滌蕩[三]撫洪鑪。壯士悲陵邑，幽人拜鼎湖。玉衣晨自舉（四），鐵馬汗常趨（五）。松柏瞻虚殿，塵沙立暝途。寂寥開國日，流恨滿山隅。

（一）昭陵，太宗陵，在九嵏山，山在醴泉縣。
（二）《唐書・太宗紀》：方四歲，有書生見之曰：『龍鳳之姿，天日之表。』
（三）舊注，引《史記・蘇秦傳》：秦，虎狼之國。注：虎狼都。顧寧人非之，曰：『此乃用秦本紀贊。』據狼弧，蹈參代，參爲白虎，秦之分野也。
（四）玉衣，蓋指徇葬之衣也。
（五）鐵馬，錢箋：據昭陵事實，改爲石馬。

此詩分兩段，前頌太宗，後因行次有感。『天屬』句，尊神堯崇重得體。『神功』句，兼言内禪治功。下六句稳括貞觀治跡。『往者』轉入時事，深望神靈之呵護，以定禍亂也。乃虚殿暝途，空勞佇望，不能不思開國而抱恨於今也。前半裔皇典貴，後半沉鬱蒼凉，是以正雅之體裁，寫變雅之情緒。『玉衣』二句，寫得靈氣颯然。

【校記】

[一]文章：《杜工部集》《杜詩詳注》作『朝廷』。

[二]揮：《杜工部集》《杜詩詳注》作『麾』。

[三]滌蕩：《杜工部集》《杜詩詳注》作『蕩滌』。

送蔡希魯[一]都尉還隴右因寄高三十五書記

公自注：時哥舒入奏，勑蔡子先歸。按：事在天寶十四載，宜編《行次昭陵》前。

蔡子勇成癖，彎弓西射胡。健兒寧鬥死，壯士耻爲儒。官是先鋒得，才[二]緣挑戰須。身輕一鳥過，槍疾[三]萬人呼。雲幕隨開府，春城赴上都。馬頭金匼匝(一)[四]，駝背錦模糊。咫尺雪[五]山路(二)，歸飛青海隅。上公猶寵錫(三)，突將且先[六]驅。漢水[七]黄河遠(四)，凉州白麥枯。憑[八]君問消息，好在阮元瑜。

(一)匼匝，《韻會》：周繞貌。

(二)《元和志》：雪山，在瓜州南吐谷渾界。

(三)『上公』句，哥舒道得風疾，遂留京師。

（四）漢水，『漢』字，作『中華』字用。

層層安放妥貼，詩筆峻健，如隼奮翮。

【校記】

［一］魯：《杜工部集》作『曾』。
［二］才：《杜工部集》作『材』。
［三］疾：《杜工部集》《杜詩詳注》作『急』。
［四］匼匝：《杜工部集》作『狎帢』。
［五］雪：《杜工部集》作『雲』。
［六］先：《杜工部集》《杜詩詳注》作『前』。
［七］水：《杜工部集》《杜詩詳注》作『使』。
［八］憑：《杜工部集》《杜詩詳注》作『因』。

重經昭陵

草昧英雄起，謳歌歷數歸。風塵三尺劍，社稷一戎衣。翼亮貞文德，丕承戢武威。聖圖天廣大，宗祀日光輝。陵寢盤空曲，熊羆守翠微。再窺松柏路，還見［一］五雲飛。

李子德云：『典重高華，直追三頌。』大約此詩作於收京之後，純是頌美之詞，末句見王氣之盛，而中興可期也。

【校記】

［一］見：《杜詩詳注》作『有』。

寄李十二白二十韻

昔年有狂客，號爲［二］謫仙人（一）。筆落驚風雨，詩成泣鬼神。聲名從此大，汩没一朝伸。文采［三］承殊渥，流傳必絶倫。龍舟移棹晚（二），獸錦奪袍新（三）。白日來深殿，青雲滿後塵。乞歸優詔許，遇我宿心親。未負幽栖志，兼全寵辱身。劇談憐野逸，嗜酒見天真。醉舞梁園夜（四），行歌泗水濱［三］。才高心不展，道屈善無鄰。處士禰衡俊，諸生原憲貧。稻粱求未足，薏苡謗何頻。五嶺炎蒸地，三危放逐臣。幾年遭鵩鳥，獨泣嚮麒麟。蘇武元［四］還漢，黄公豈事秦。楚筵辭醴日，梁獄上書辰。已用當時法，誰將此議［五］陳？老吟秋月下，病起暮江濱。莫怪恩波隔，乘槎與問津。

（一）王注：賀知章號『四明狂歌』（校者按：歌應爲客），見太白文章，嘆曰：『子，謫仙人也。』

（二）《太白墓碑》：玄宗泛白蓮池，召白作序。

（三）《太白外傳》：白作樂章，賜錦袍。

（四）公與太白，嘗同爲汴齊之游。梁園，即汴也。

此詩於太白之詩才，一生之遭際，該括無遺，後幅代爲昭雪，直是一篇訟冤疏。太白《書懷詩》，末云：『日月無偏照，何由訴蒼昊。』此詩結語，哀其窮而無告，欲乘槎而一爲代訴之也。

【校記】

［一］爲：《杜工部集》《杜詩詳注》作『爾』。
［二］采：《杜工部集》《杜詩詳注》作『彩』。
［三］濱：《杜工部集》《杜詩詳注》作『春』。
［四］元：《杜工部集》作『先』。
［五］議：《杜工部集》作『義』。

建都十二韻

蒼生未蘇息，胡馬半乾坤。義［一］在雲臺上，誰扶黄屋尊？建都分魏闕，下詔闢荆門。恐失東人望，其如西極存。時危當雪耻，計大豈輕論。雖倚三階正，終愁萬國翻。牽裾恨不死（一），漏網辱殊恩（二）。永負漢廷［二］哭，遥憐湘水魂。窮冬客江劍，隨事有田園。風斷青蒲節，霜埋翠竹根（三）。衣冠空穰穰，關輔久昏昏。願枉一作駐長安日，光輝照北原。

（一）牽裾：用《魏志》辛毗事。
（二）漏網：言未加之罪也。

（三）青蒲：《漢書·史丹傳》：丹頓首伏青蒲上云云。公此二句，雖點染節令，上句即隱用史丹事，下句恨不能舒其直節也。

唐上元初，以呂諲爲荆州刺史，諲請以荆州爲南都，從之，於是號江陵府，以諲爲尹。浦氏云：『是時史思明尚據東都，朝廷不能專意進取，長驅北嚮，乃反納荆州之議，張賊勢而惑衆心，失策之甚者。是詩沉痛切摯，可作諫止南都疏讀。』前抒正議，中自傷放廢，不能建議止之也。未顧其固守根本之地，以靖河北之賊也。古未有弃其根本而自振者，坡公論之詳矣。厥後代宗幸陝，程元程（校者按：元程應爲元振）欲遷都洛陽，賴汾陽一疏止之，誰知此詩爲之先聲。

【校記】

［一］義：《杜工部集》《杜詩詳注》作『議』。

［二］廷：《杜工部集》《杜詩詳注》作『庭』。

送陵州路使君之［一］任

《唐書》：陵州仁壽郡，今四川仁壽縣是其地。

王室比多難，高官皆武臣。幽燕通使者（一），岳牧用詞人。國待賢良急，君當拔擢新。佩刀成氣象，行蓋出風塵。戰伐乾坤破，瘡痍府庫貧。衆僚宜潔白，萬役但平均。霄漢瞻佳士，泥塗［二］任此身。秋天正搖落，迴［三］首大江濱。

（一）第三句：時史朝義已死，諸將皆降順。

浦云：『起叙簡用之由，一往一今，括盡元、肅、代三朝之局。次四作其鋭、壯其行，又次四，剴切懇至，時弊政經，字字金石。末四致贈送之意，結語望其念我流寓，正欲其思我箴規也。』

【校記】

[一]之：《杜工部集》作『赴』。

[二]塗：《杜工部集》作『涂』。

[三]迴：《杜詩詳注》作『回』。

謁先主廟

慘淡[一]風雲會，乘時各有人。力侔分社稷，志屈偃經綸。復漢留長策，中原仗老臣。雜耕心未已，嘔血事酸辛。霸氣西南歇，雄圖歷數屯。錦江元過楚，劍閣復通秦(一)。舊俗存祠廟，空山泣[二]鬼神。虚檐交鳥道，枯木半龍鱗。竹送清溪月，苔移玉座春。閭閻兒女换，歌舞歲時新。絶域歸舟遠，荒城繫馬頻。如何對摇落，况乃久風塵。孰與關張並，功鄰[三]耿鄧親。應天才不小，得士契無鄰。遲暮堪帷幄，飄零且釣緡。嚮來憂國淚，寂寞灑衣巾。

(一)『錦江』二句，言本有可恢復之勢，特天意去漢，致老臣盡瘁而死，非人謀之不臧也。

此謁先主廟而有感也。起五字振動全神，末段意已在對面。前寫其君臣契合收得士之報，中八句，寫廟景。末段俯仰悲嘆，自攄襟抱，深慨夫身窮齒暮，而不獲明主之知，不覺緬魚水之歡而灑涕也。其曰『遲暮堪帷幄』，知此老壯懷猶在，自負不凡。

【校記】

[一]淡：《杜詩詳注》作『澹』。
[二]泣：《杜工部集》作『立』。
[三]鄰：《杜詩詳注》作『臨』。

大曆三年春白帝城放船出瞿塘[一]峽久居夔府將適江陵漂泊有詩凡四十韻 實四十二韻。

老嚮巴人里，今辭楚塞隅。入舟翻不樂，解纜獨長吁。窄轉深啼狖，虛隨亂浴鳧。石苔凌几杖，空翠撲肌膚。疊壁排霜劍，奔泉濺水珠。杳冥藤上下，濃淡樹榮枯。神女峰娟妙，昭君宅有無。曲留明怨惜，夢盡失歡娛。擺闔盤渦沸，欹斜激浪輸。風雷纏地脉，冰雪耀[二]天衢。鹿角真趨[三]險，狼頭如跋胡(一)。惡灘寧變色，高卧負微軀。書史全傾撓，裝囊半壓濡。生涯臨臬兀，死地脱斯須。不有平川決，焉知衆壑趨。乾坤霾漲海，雨露洗春蕪。鷗鳥牽絲漾[四]，驪龍濯錦紆。落霞沉緑綺，殘月壞金樞(二)。泥笋苞初荻，沙茸出小蒲。鴈兒争水馬(三)，燕子逐檣烏。絶島容烟霧，環洲納曉晡。前聞辨[五]陶牧(四)，轉眄[六]拂宜都。縣郭南畿好，津亭北望孤。勞心依憩息，朗咏劃昭蘇。意遣樂還笑，衰迷賢與愚。飄蕭將素髮，汨没聽洪鑪。邱[七]壑曾忘返，文章敢自誣。此生遭聖代，誰分哭窮途。卧疾淹爲客，蒙恩早側[八]儒。廷争酬造化，朴[九]直乞江湖。灩澦險相迫，滄浪深可逾(五)。浮名尋已已，懶計却區區。喜近天皇寺(六)，先披古畫圖(七)。應經帝子渚(八)，同泣舜蒼梧。朝士兼戎服，君王按湛盧。旄頭初俶擾，鶉首麗泥塗。甲卒身雖貴，書生道固殊。出塵皆野鶴，歷塊匪轅駒。伊吕終難降(九)，韓彭不易呼。五雲高太甲(十)，六月曠摶扶。回[十]首黎元病，争權將帥誅。山林成[十一]疲苶，未必免崎嶇。

(一)『鹿角』『狼頭』，江中二灘名，皆在夷陵。
(二)《海賦》注：『金樞，西方月没處。』
(三)子瞻《蟲》詩：『君不見水馬兒，步步逆流水。』物理小識，水馬能化蜻蜓，則水蟞蟲耳，非四足之水秀才也。
(四)陶牧，鄉名。《荆州記》江陵縣西有陶朱公冢。
(五)滄浪，即《禹貢》漢水之名，近江陵。
(六)天皇寺，在江陵。原注：此寺有晋王右軍書。
(七)梁張僧繇畫孔子、顔子及十哲形象。
(八)帝子渚，用《九歌》語，此特遥計應過之地。
(九)『降』字，如『惟獄降神』之『降』。
(十)太甲，王勃《夫子廟碑》：『華蓋西臨，藏五雲於太甲。』然皆不知其所出。

俯仰身世，蒿目時艱，盡寄諸出峽將適之際。叙議兼行，詩中之龍門也。前四句起，函蓋通篇，末四句結，拓開餘地。餘分三大段，自第三韻至第十四韻，叙放船歷峽險境，自第十五韻至第二十一韻，寫出峽夷境，妙用『不有』句反接，遂化平爲突。此爲第一段，純用叙體。自第二十二韻至三十四韻，寫將適江陵之意，即帶身事作感慨。叙議夾行，妙用『灩澦』『滄浪』，綰定夔州、江陵，最爲醒目。又用『喜近』四句，收足將適未到之景，是爲第二段。自第三十五韻至第四十韻，蒿目時艱，因追叙亂之所生，以致武夫乘時，儒生道銷，賢人遠引，將相非人，而兼悲己身之漂泊也。妙以『六月』句，挽合久居夔城，將適江陵之意，使首尾渾成一片，是爲第三段。結處回顧蜀地之亂，透過一層，作結。盡而不盡，與起處不樂長吁之神，恰好迴合，作長律者宜奉爲圭臬。楊倫云：『是時崔旰殺郭英乂，杜鴻漸不能討，鴻漸還朝，而旰遂爲四川節度。「伊吕」句譏鴻漸也；「韓彭」句指崔旰也。事變如此，公所以決爲去蜀之計。回望帝庭，如五雲太甲，杳然天際，惟有南徙爲長往之計而已。』按：『爭權』句，明指崔旰、楊子琳輩，楊説得之。少陵集，長律頗多，才雄力大，變化無方，自足雄視。然篇幀過長，亦不免少有疵累，故止鈔此首，以標體制。元微之專以此定李、杜之優劣，不過傲李以所無耳，非謂杜之空前絶後者，專恃乎此也，觀其前段論詩自見。

【校記】

［一］塘：《杜詩詳注》作『唐』。
［二］耀：《杜詩詳注》作『曜』。
［三］趨：《杜工部集》《杜詩詳注》作『走』。
［四］漾：《杜工部集》《杜詩詳注》作『颺』。
［五］辨：《杜詩詳注》作『辯』。
［六］昒：《杜詩詳注》作『盼』。
［七］邱：《杜工部集》《杜詩詳注》作『丘』。
［八］側：《杜工部集》《杜詩詳注》作『厠』。
［九］朴：《杜詩詳注》作『樸』。
［十］回：《杜詩詳注》作『迴』。
［十一］成：《杜工部集》《杜詩詳注》作『托』。

五絶

絶句[一]

江碧鳥逾白，山青花欲然[二]。今春看又過，何日是歸年。

此感春之作，末二句不勝蹉跎之悲。

【校記】

[一]《草堂先生杜工部詩集》《杜工部集》《杜詩詳注》題爲《絶句二首》，此爲其二。

[二]然：《草堂先生杜工部詩集》《杜工部集》《杜詩詳注》作『燃』。

復愁[一]

萬國尚戎馬[二]，故園今若何？ 昔歸相識少，早已戰場多。

傷久亂也。沈云：『苦在「早已」二字。』然首句『尚』字，已含嗚咽之音，故下即從今昔生感。

任轉江淮粟，休添苑囿兵。由來貔虎士，不滿鳳凰[三]城。

爲宦官專掌禁旅而作。唐初府兵寓之於民，盧氏所謂隱述祖制以諷時事，是也。公小詩煞有關係如此。

【校記】

[一]《草堂先生杜工部詩集》《杜工部集》《杜詩詳注》題作《復愁十二首》，此爲其三、其九。

[二]戎馬：《草堂先生杜工部詩集》《杜工部集》作『防寇』。

[三]凰：《杜工部集》作『皇』。

武侯廟

遺廟丹青古[一]，空山草木長。猶聞辭後主，不復卧南陽(一)。

(一)《漢晋春秋》云：亮家於南陽之鄧縣，在襄陽城西二十里，號曰『隆中』。

足發武侯忠藎，『辭後主』謂《出師表》，『不復卧南陽』，則鞠躬盡瘁，死而後已矣。『聞』如『慨見愾聞』之『聞』。空山之中，如聞千載上老臣太息之聲，是爲傳神之筆。

【校記】

［一］古：《草堂先生杜工部詩集》《杜工部集》《杜詩詳注》作『落』。

八陣圖（一）

此在夔州者也。

功蓋三分國，名成八陣圖。江流石不轉，遺恨失吞吴。

（一）《圖經》：八陣有三，在夔者，六十有四，方陣法也；在彌牟鎮者，二十有八，當頭陣法也；在棋盤市者，二百五十有六，下營陣法也。按：一在漢中，一在成都。

『吞吴』，實先主失策，武侯之恨也。詩咏『八陣』，即將此恨寄諸江中之石。『江流石不轉』，而武侯之恨且與之同留千古矣。所謂遺恨也，此吊古者，所爲目擊而代恨也。

七絶

漫興[一]　九首鈔二。

手種桃李非無主，野老墻低還是[二]家。恰似春風相欺得，夜來吹折數枝花。

初到異鄉，每有此等情事，即春風亦似欺人者，妙甚。

懶慢無堪不出村，呼兒自[三]或作日在掩柴門。蒼苔濁酒林中静，碧水春風野外昏。

或謂是索居自遣之詞，玩末二句，有厭弃世俗之意。

【校記】

[一]《草堂先生杜工部詩集》《杜工部集》《杜詩詳注》題爲《絶句漫興九首》，此爲其二、其六。

[二]是：《杜工部集》作『似』。

[三]自：《草堂先生杜工部詩集》《杜工部集》《杜詩詳注》作『日』。

贈花卿

錦城絲管日紛紛，半入江風半入雲。此曲祇應天上有，人間那[一]得幾回聞？

楊升庵云：『花卿在蜀，頗用天子禮樂，子美諷之，意在言外，最得風人之旨。』按：楊評最的，胡元瑞謂贈歌妓，不但索然無味，即天上人間，亦豈歌妓之所能當乎？花卿事注見前七古中。

【校記】

[一]那：《草堂先生杜工部詩集》《杜工部集》《杜詩詳注》作『能』。

戲爲六絶句[一]

庾信文章老更成，凌雲健筆意縱横。今人嗤點流傳賦，不覺前賢畏後生。

王、楊[二]、盧、駱當時體，輕薄爲文哂未休。爾曹身與名俱滅，不廢江河萬里[三]流。

縱使盧王操翰墨，劣於[四]漢魏近風騷。龍文虎脊皆君馭，歷塊過都見爾曹。

才力應難跨數公，凡今誰是出群雄。或看翡翠蘭苕上，未掣鯨魚碧海中。

不薄今人愛古人，清詞麗句必爲鄰。竊攀屈宋宜方駕，恐與齊梁作後塵。

未及前賢更勿疑，遞相祖述却[五]先誰。别裁僞體親風雅，轉益多師是汝師。

有所激發，托於庾信與後來作者。如王楊盧駱亦豈易及哉？爾曹輕薄，不見稱述。第三詩，又祇就盧王反復言之，以爲縱使不及漢魏風騷，畢竟皆異材也。爾曹自負不淺，然歷塊過都，乃可見耳，所以極形容前輩之未可貶也。注謂盧王爲爾曹，是全失先後語意，故又曰『才力應難跨數公』。『數公』謂上所指也。『翡翠蘭苕』，極巧絶之態，我不是薄他，他自謂可方屈宋，恐更墜數公後耳。其不及則斷斷不及矣，然不放他人出己上，自謂與三百篇相近，不知愈合師前人也。劉須溪之評云爾：大段盡六詩之旨，惟解第六首，竊有不安。按：『遞相祖述』，正指輕薄之文，謬種相傳，何能出人頭地？『僞體』即輕薄之文也。『風雅』不必定指《三百》，猶言文章之正宗也。『多師』統古人、今人而言。結二句正杜老婆心指示，可以垂訓千古。

【校記】

〔一〕《草堂先生杜工部詩集》題爲《戲爲六絶》。

〔二〕王楊：《草堂先生杜工部詩集》《杜詩詳注》作『楊王』。

〔三〕里：《草堂先生杜工部詩集》《杜工部集》《杜詩詳注》作『古』。

〔四〕於：《杜工部集》作『于』。

〔五〕却：《草堂先生杜工部詩集》《杜工部集》《杜詩詳注》作『復』。

絶句　四首鈔一。

兩個黄鸝鳴翠柳，一行白鷺上青天。窗含西嶺千秋雪，門泊東吴萬里船。

首二句一『鳴』一『飛』，去住不同，興起下意。公本有去蜀之志，西山之寇亂少弭，則可以暫止耳。泊船者，明非久居之意，泊以待發也。

奉和嚴公[一]軍城早秋

秋風嫋嫋動高旌，玉帳分弓射虜營。已收滴博雲間戍(一)，欲[二]奪一作次、取蓬婆雪外城(二)。

(一)《困學紀聞》：滴博戍在維州。

(二)《元和志・柘州柘縣》：蓬婆山，在縣西北一百里。按：柘州，在今四川松潘廳疊溪營界。

壯浪之音，可作軍中之樂，可鼓邊士之氣。

【校記】

[一]嚴公：《草堂先生杜工部詩集》作『嚴武』，《杜詩詳注》作『嚴鄭公』。

[二]欲：《杜工部集》作『更』。

江南逢李龜年(一)

錢箋：《史記》：王翦定江南地。蓋指江、湘之間。

岐王宅裏尋常[一]見(二)，崔九堂前幾度聞(三)。正是江南好風景，落花時節又逢君。

(一)《雲溪友議》：李龜年奔泊江潭，杜甫以詩贈之。

(二)《舊書》：岐王範，睿宗子，雅愛文章之士。

〔三〕崔九，公自注：即殿中監崔滌。

黄白生云：『此與《劍器行》同意，今昔盛衰之感，言外黯然欲絶。見風韻於行間，寓感慨於字裏。』使龍標、供奉操筆，亦無以過。知公於此體，非不能爲正聲也。

【校記】

［一］相：《草堂先生杜工部詩集》《杜工部集》《杜詩詳注》作『常』。

杜詩鈔卷下終

右鈔杜詩五古七十首、七古六十首、五律一百七首、七律五十四首、五排十首、絶句十七首，共三百一十八首，是爲《六觀樓讀本》。余宦游三十餘年，甲申自中州歸，檢舊存書，十亡六七。所存杜集，止劉須溪《千家注》、仇滄柱《詳注》、浦二田《心解》，余同年楊倫《鏡銓》而已。故鈔中注及評語，多采自四種，間有補注及臆測者亦附見於編。屏去武斷穿鑿之見，潛吟密咏，惟求義之所安而止，余豈敢謂得作者之意。幸賴諸家之有以牖予，或不至大相剌謬也。乙酉春二月，花朝前三日，鴻磐又識。

圖書在版編目（CIP）數據

六觀樓讀本杜詩鈔點校/（清）許鴻磐批點；陳寧點校．—成都：巴蜀書社，2020.6

ISBN 978－7－5531－1217－6

Ⅰ．①六…　Ⅱ．①許…②陳…　Ⅲ．①杜詩－詩歌研究　Ⅳ．①I207.227.423

中國版本圖書館 CIP 數據核字（2019）第 210625 號

六觀樓讀本杜詩鈔點校　（清）許鴻磐 批點　陳寧 點校

LIUGUANLOUDUBEN DUSHICHAO DIANJIAO

責任編輯　陳　禮
封面設計　冀帥吉
出　　版　巴蜀書社
　　　　　成都市槐樹街 2 號　郵編 610031
　　　　　總編室電話：（028）86259397
網　　址　www.bsbook.com
發　　行　巴蜀書社
　　　　　發行科電話：（028）86259422　86259423
經　　銷　新華書店
印　　刷　成都春曉印務有限公司
　　　　　電話：（028）88450462
版　　次　2020 年 6 月第 1 版
印　　次　2020 年 6 月第 1 次印刷
成品尺寸　240mm×170mm
印　　張　18
字　　數　230 千字
書　　號　ISBN 978－7－5531－1217－6
定　　價　65.00 圓